BŁĘDY W PLANOWANIU EMERYTURY I JAK ICH UNIKAĆ

Spis treści

- Wstęp ... 1
- Odkładanie planowania emerytury na później ... 3
- Niedoszacowanie wydatków emerytalnych ... 7
- Brak dywersyfikacji inwestycji ... 12
- Ignorowanie inflacji ... 16
- Nadmierne poleganie na ubezpieczeniach społecznych ... 19
- Brak planowania kosztów opieki zdrowotnej ... 24
- Zaniedbywanie skutków podatkowych ... 28
- Niedostateczne oszczędzanie na emeryturę ... 32
- Brak regularnej ponownej oceny planów emerytalnych ... 36
- Zbyt wczesne wypłacanie oszczędności ... 40
- Brak funduszu awaryjnego ... 43
- Zaniedbanie kwestii długowieczności ... 46
- Błędne obliczenie wieku emerytalnego ... 49
- Pomijanie planów emerytalnych pracodawcy ... 52
- Nie szukam profesjonalnej porady finansowej ... 55
- Niezdolność do zarządzania długiem przed emeryturą ... 59
- Niezrozumienie opcji wypłaty emerytury ... 62
- Niewłaściwe przydzielanie inwestycji na emeryturę ... 65
- Zaniedbanie planowania świadczeń dla małżonka i osób pozostających przy życiu ... 68
- Błędna ocena znaczenia planowania majątku ... 71
- Niedocenianie wpływu kosztów mieszkaniowych ... 75
- Ignorowanie zmian stylu życia na emeryturze ... 79
- Brak planowania wymaganych minimalnych dystrybucji ... 83
- Brak jasnych celów emerytalnych ... 86
- Pomijanie wartości ciągłego uczenia się ... 90
- Zbytnie poleganie na dziedziczeniu ... 93
- Nieporozumienie dotyczące roli rent ... 95
- Brak dostosowania do zmienności rynku ... 98

Nie rozważam pracy w niepełnym wymiarze godzin ani alternatywnych źródeł dochodu 101
Brak komunikacji dotyczącej planów emerytalnych.................... 104
Wniosek... 107

Informacja o prawach autorskich

Wszelkie prawa zastrzeżone. Żadna część tej książki nie może być powielana, dystrybuowana ani przesyłana w jakiejkolwiek formie ani za pomocą jakichkolwiek środków, w tym fotokopii, nagrywania ani żadnych innych metod elektronicznych lub mechanicznych, bez uprzedniej pisemnej zgody wydawcy, z wyjątkiem przypadków dozwolonych przez prawo autorskie.

Wstęp

Emerytura to ważny kamień milowy w życiu, często postrzegany jako nagroda za dziesięciolecia ciężkiej pracy. Jednak jest to również faza życia, która wymaga starannego planowania, przewidywania i dyscypliny. Niestety, wiele osób wchodzi na emeryturę nieprzygotowanych, albo popełniając kluczowe błędy na etapie planowania, albo nie przewidując wyzwań, z którymi przyjdzie im się zmierzyć po przejściu na emeryturę. Ta książka ma pomóc Ci uniknąć tych typowych pułapek.

Niezależnie od tego, czy dopiero zaczynasz myśleć o emeryturze, czy też zostało Ci zaledwie kilka lat, decyzje, które podejmiesz dzisiaj, będą miały trwałe konsekwencje dla Twojego bezpieczeństwa finansowego i jakości życia. Od niedoceniania kosztów życia na emeryturze po nadmierne poleganie na Social Security, nawet małe potknięcia mogą mieć znaczące konsekwencje w przyszłości. Celem tej książki jest zidentyfikowanie tych potencjalnych błędów, pomoc w zrozumieniu związanego z nimi ryzyka i udzielenie praktycznych porad, jak ich unikać.

Każdy rozdział zagłębia się w konkretny błąd, który popełnia wielu emerytów, oferując nie tylko wyjaśnienie problemu, ale także praktyczne kroki, które możesz podjąć, aby upewnić się, że nie wpadniesz w te same pułapki. Dowiesz się o znaczeniu wczesnego rozpoczęcia, dywersyfikacji inwestycji, planowaniu opieki zdrowotnej i wiele więcej.

Planowanie emerytury nie polega tylko na oszczędzaniu pieniędzy — chodzi o stworzenie strategii, która pozwoli Ci cieszyć się życiem, na które tak ciężko pracowałeś. Dzięki odpowiedniemu przygotowaniu i wiedzy możesz uniknąć typowych błędów i przejść na emeryturę z pewnością siebie, bezpieczeństwem i spokojem ducha.

Więc niezależnie od tego, czy jesteś doświadczonym inwestorem, czy dopiero zaczynasz oszczędzać, czy jesteś gdzieś pomiędzy, ta książka jest dla Ciebie. Wyruszmy w tę podróż razem, upewniając się, że Twoja emerytura będzie taka, jak sobie wymarzyłeś.

Odkładanie planowania emerytury na później

Emerytura może wydawać się odległym celem, szczególnie gdy jesteś w szczytowym okresie swojej kariery zawodowej. Jednak odkładanie planowania emerytury jest jednym z najpoważniejszych błędów finansowych, jakie może popełnić człowiek. Choć kuszące jest odkładanie tego do czasu, aż będziesz starszy lub bardziej stabilny finansowo, każdy rok zwlekania skraca czas, jaki mają Twoje oszczędności na wzrost, i powoduje niepotrzebny stres w późniejszym życiu. Im wcześniej zaczniesz, tym więcej czasu pozwolisz swoim inwestycjom dojrzeć, dając Ci najlepszą szansę na wygodną i bezpieczną finansowo emeryturę.

Sednem problemu z odwlekaniem planowania emerytury jest strata czasu — cennego zasobu w planowaniu finansowym. Kiedy zwlekasz, tracisz moc odsetek składanych. Odsetki składane to odsetki, które są zarabiane nie tylko od początkowej kwoty, którą inwestujesz, ale również od odsetek, które kumulują się z czasem. Im dłużej Twoje pieniądze będą rosły, tym bardziej znaczące staną się Twoje oszczędności. Na przykład ktoś, kto zaczyna inwestować na emeryturę w wieku 25 lat i odkłada skromną kwotę każdego miesiąca, prawdopodobnie zgromadzi znacznie więcej bogactwa niż ktoś, kto zaczyna w wieku 40 lat i wpłaca większe kwoty. Dzieje się tak, ponieważ czas, a nie tylko pieniądze, jest kluczowym czynnikiem w budowaniu bogactwa.

Inną konsekwencją opóźniania planowania emerytury jest zwiększona presja, aby oszczędzać więcej, gdy zbliża się emerytura. Kiedy jesteś młody, możesz pozwolić sobie na odkładanie mniejszej części dochodu na emeryturę, ponieważ masz dekady, aby te pieniądze rosły. Jednak im bliżej wieku emerytalnego jesteś bez solidnego planu, tym więcej będziesz musiał oszczędzać każdego roku, aby nadrobić zaległości. To nie tylko zwiększa stres finansowy, ale może również ograniczyć Twoją zdolność do cieszenia się dochodem w latach, w których najlepiej zarabiasz, ponieważ będziesz musiał przeznaczyć większą część na oszczędności emerytalne.

Wiele osób odkłada planowanie emerytury na później, ponieważ uważa, że ma inne, bardziej pilne priorytety finansowe, takie jak zakup domu, spłata kredytów studenckich lub oszczędzanie na edukację dzieci. Chociaż wszystkie te obawy są uzasadnione, zaniedbywanie oszczędności emerytalnych na rzecz krótkoterminowych celów jest ryzykowne. Planiści finansowi często podkreślają znaczenie równoważenia bieżących potrzeb finansowych z długoterminowymi celami. Kluczem jest, aby zacząć od małych kwot, jeśli to konieczne, ale zacząć mimo wszystko. Nawet niewielkie wpłaty dokonywane konsekwentnie w czasie mogą przekształcić się w znaczny fundusz emerytalny.

Częstym błędnym przekonaniem prowadzącym do odkładania decyzji na później jest przekonanie, że planowanie emerytury to coś, o co muszą martwić się tylko osoby starsze. Nic bardziej mylnego. W rzeczywistości im wcześniej zaczniesz, tym mniej przytłaczający będzie ten proces. Osoby, które zaczynają w wieku 20 lub 30 lat, mogą stopniowo budować swoje oszczędności emerytalne przez kilka dekad, często przy stosunkowo skromnych składkach. Z drugiej strony osoby, które odkładają decyzję do 40 lub 50 roku życia, muszą się wysilać, aby nadrobić stracony czas, co może być finansowo zniechęcające i stresujące.

Ponadto, odkładanie planowania emerytury na później często wynika z braku zrozumienia, ile pieniędzy będzie faktycznie potrzebnych, aby wygodnie żyć na emeryturze. Wiele osób drastycznie niedoszacowuje kosztów związanych z emeryturą, wierząc, że ich wydatki znacznie się zmniejszą, gdy przestaną pracować. Chociaż prawdą jest, że niektóre koszty, takie jak dojazdy do pracy lub wydatki związane z pracą, zmniejszą się, inne, takie jak opieka zdrowotna, mają tendencję do znacznego wzrostu wraz z wiekiem. Bez starannego planowania emeryci mogą mieć trudności z pokryciem tych kosztów, nawet jeśli spłacili duże wydatki, takie jak kredyt hipoteczny.

Innym często pomijanym czynnikiem w planowaniu emerytury jest długowieczność. Dzięki postępom w opiece zdrowotnej i ulepszeniom stylu życia ludzie żyją dłużej niż kiedykolwiek wcześniej. Oznacza to, że Twoje oszczędności emerytalne mogą wystarczyć na 20, 30, a nawet 40 lat. Jeśli odkładasz planowanie emerytury na później, ryzykujesz, że przeżyjesz swoje oszczędności, co może prowadzić do niepewności finansowej i pogorszenia jakości życia w późniejszych latach. Z kolei osoby, które zaczynają planować wcześnie, są w stanie lepiej uwzględnić możliwość długiej emerytury i odpowiednio dostosować swoje strategie oszczędzania.

Jednym z powodów, dla których wiele osób opóźnia planowanie emerytury, jest błędne przekonanie, że Ubezpieczenia Społeczne wystarczą, aby wesprzeć ich na emeryturze. Podczas gdy Ubezpieczenia Społeczne mogą stanowić wartościowy dodatek do dochodów, mało prawdopodobne jest, aby były wystarczające same w sobie, szczególnie jeśli chcesz utrzymać swój obecny styl życia. Średnie świadczenie z Ubezpieczeń Społecznych stanowi zazwyczaj jedynie ułamek tego, czego większość ludzi potrzebuje, aby pokryć koszty utrzymania na emeryturze. Poleganie wyłącznie na Ubezpieczeniach Społecznych bez innych oszczędności lub źródeł dochodu może narazić emerytów na niedobory finansowe.

Bariery psychologiczne utrudniające planowanie emerytury mogą być również znaczące. Wiele osób unika myślenia o emeryturze, ponieważ wydaje się ona przytłaczająca lub nie wie, od czego zacząć. Złożoność opcji inwestycyjnych, niepewność wyników rynkowych i ogromna ilość pieniędzy, która wydaje się niezbędna, mogą sprawić, że ludzie odłożą planowanie. Jednak te wyzwania można rozwiązać, stosując odpowiednie podejście. Podzielenie procesu planowania na mniejsze, łatwe do opanowania kroki może ułatwić jego rozwiązanie.

Rozpoczęcie od podstawowych kroków — takich jak wpłaty na konto 401(k) lub IRA, skonfigurowanie automatycznych wpłat i zapoznanie się z opcjami inwestycyjnymi — może stworzyć dynamikę i doprowadzić do większej pewności co do Twojej przyszłości finansowej.

Dla tych, którzy czują się przytłoczeni złożonością planowania emerytalnego, zwrócenie się o pomoc do doradcy finansowego może być doskonałym krokiem naprzód. Profesjonalista może pomóc Ci ocenić Twoją obecną sytuację finansową, ustalić realistyczne cele i opracować plan dostosowany do Twoich potrzeb. Współpraca z doradcą może również pomóc Ci zachować odpowiedzialność i motywację, aby utrzymać planowanie emerytalne na właściwym torze.

Podsumowując, odkładanie planowania emerytury na później to kosztowny błąd, który może mieć długotrwałe konsekwencje. Opóźniając, tracisz moc odsetek składanych, zwiększasz swoje przyszłe obciążenie finansowe i ograniczasz swoją możliwość cieszenia się dochodami w chwili obecnej. Aby uniknąć tych pułapek, ważne jest, aby zacząć wcześnie, nawet przy niewielkich składkach, i pozostać zaangażowanym w swój plan przez długi czas. Planowanie emerytury nie musi być przytłaczające, a dzięki odpowiedniej strategii możesz zapewnić sobie finansowo bezpieczną i satysfakcjonującą emeryturę.

Niedoszacowanie wydatków emerytalnych

Jednym z najczęstszych i potencjalnie dewastujących błędów, jakie ludzie popełniają planując emeryturę, jest niedoszacowanie wydatków emerytalnych. Wiele osób zakłada, że ich koszty utrzymania znacznie spadną, gdy przestaną pracować, co prowadzi ich do przeceniania, jak daleko sięgną ich oszczędności. Jednak rzeczywistość jest często zupełnie inna. Podczas gdy niektóre wydatki, takie jak koszty dojazdów do pracy lub koszty związane z pracą, mogą zniknąć, inne wydatki mogą wzrosnąć lub pozostać na stałym poziomie, pozostawiając wielu emerytów nieprzygotowanych do utrzymania pożądanego stylu życia. Zrozumienie prawdziwych kosztów emerytury ma kluczowe znaczenie dla zapewnienia bezpieczeństwa finansowego i uniknięcia nieprzyjemnych niespodzianek w późniejszym życiu.

Jednym z głównych powodów, dla których ludzie niedoceniają wydatków emerytalnych, jest to, że nie biorą pod uwagę zmian w stylu życia. Emerytura jest często postrzegana jako okres relaksu i przyjemności, z większą ilością czasu na hobby, podróże i inne zajęcia, które mogły zostać odłożone na później w latach pracy. Jednak te zajęcia często mają swoją cenę. Niezależnie od tego, czy chodzi o częste podróże, wyjścia do restauracji, czy też angażowanie się w drogie hobby, takie jak golf czy żeglarstwo, koszty mogą szybko wzrosnąć. Bez starannego planowania emeryci mogą stwierdzić, że ich oszczędności są niewystarczające, aby utrzymać pożądany styl życia, co zmusi ich do ograniczenia tych samych zajęć, na które czekali na emeryturze.

Innym obszarem, w którym wielu emerytów popełnia błędy, jest opieka zdrowotna. Chociaż na początku emerytury możesz być w stosunkowo dobrym zdrowiu, ważne jest, aby przewidzieć, że koszty opieki zdrowotnej prawdopodobnie wzrosną wraz z wiekiem. Wydatki medyczne są jednymi z najszybciej rosnących kosztów dla emerytów i często rosną wraz z wiekiem ze względu na konieczność częstszych wizyt u lekarza, leków na receptę i potencjalnych usług opieki długoterminowej. Według różnych badań przeciętna para przechodząca dziś na emeryturę może spodziewać się wydania setek tysięcy dolarów na opiekę zdrowotną przez cały okres emerytury. Koszty te obejmują składki Medicare, wydatki własne, opiekę stomatologiczną i aparaty słuchowe, z których żaden nie jest w pełni pokrywany przez Medicare.

W szczególności opieka długoterminowa to znaczący wydatek, na który wiele osób nie jest odpowiednio przygotowanych. Według Departamentu Zdrowia i Opieki Społecznej USA, prawie 70% osób powyżej 65 roku życia będzie wymagało jakiejś formy opieki długoterminowej w swoim życiu. Niezależnie od tego, czy jest to opieka domowa, wspomagane życie czy dom opieki, opieka długoterminowa może szybko wyczerpać oszczędności emerytalne, jeśli nie zostanie zaplanowana z wyprzedzeniem. Wiele osób błędnie uważa, że Medicare pokryje te koszty, ale Medicare generalnie nie obejmuje usług opieki długoterminowej, pozostawiając emerytów zdanych na Medicaid, prywatne oszczędności lub ubezpieczenie na wypadek opieki długoterminowej, aby wypełnić lukę. Ignorowanie potencjalnych kosztów opieki długoterminowej to niebezpieczne niedopatrzenie, które może zniweczyć nawet najlepiej opracowane plany emerytalne.

Inflacja to kolejny kluczowy czynnik, który wielu emerytów pomija. Podczas gdy stopy inflacji mogą czasami wydawać się niskie, nawet umiarkowana stopa inflacji może znacząco obniżyć siłę nabywczą w ciągu 20- lub 30-letniej emerytury. Na przykład, jeśli inflacja wynosi średnio zaledwie 2% rocznie, koszty utrzymania wzrosną o około 50% w ciągu 20 lat. Oznacza to, że emeryci, którzy nie uwzględnią inflacji, mogą stwierdzić, że ich oszczędności, które wydawały się wystarczające na początku emerytury, nie pokrywają już kosztów utrzymania w późniejszych latach. Brak planowania inflacji może prowadzić do niedoborów finansowych, zmuszając emerytów do obniżenia standardu życia lub powrotu do pracy w czasie, gdy mogą już nie chcieć lub nie być w stanie tego zrobić.

Innym często niedocenianym wydatkiem jest mieszkanie. Wiele osób zakłada, że po spłaceniu kredytu hipotecznego koszty mieszkania nie będą już stanowić problemu. Jednak nawet jeśli jesteś właścicielem domu, nadal musisz wziąć pod uwagę bieżące koszty, takie jak podatki od nieruchomości, ubezpieczenie domu, media, konserwacja i potencjalne modyfikacje domu wraz z wiekiem. Wraz ze starzeniem się domów mogą one wymagać kosztownych napraw, takich jak nowy dach, unowocześniona instalacja wodno-kanalizacyjna, a nawet ulepszeń w celu dostosowania ich do problemów z mobilnością. Nieuwzględnienie tych bieżących kosztów mieszkania może prowadzić do deficytów budżetowych, szczególnie jeśli na emeryturze konieczne będą poważne naprawy lub ulepszenia.

Oprócz tych oczywistych wydatków emeryci często pomijają mniejsze, codzienne koszty, które mogą się z czasem kumulować. Pozycje takie jak artykuły spożywcze, transport, rozrywka, prezenty i darowizny na cele charytatywne mogą wydawać się drobnymi wydatkami, ale w ciągu 20 lub 30 lat mogą znacząco wpłynąć na oszczędności emerytalne. Ważne jest, aby śledzić swoje obecne nawyki związane z wydatkami i szacować, jak mogą się one zmienić na emeryturze. Niektóre wydatki mogą się zmniejszyć, ale inne, takie jak wydatki na hobby lub wyjścia do restauracji, mogą wzrosnąć. Realistyczne podejście do codziennych wydatków może pomóc Ci upewnić się, że nie wydasz więcej niż zaoszczędziłeś.

Innym krytycznym błędem w szacowaniu wydatków emerytalnych jest nieuwzględnienie nieoczekiwanych zdarzeń życiowych. Niezależnie od tego, czy jest to poważny problem zdrowotny, załamanie rynku czy nagły wypadek rodzinny, nieprzewidziane koszty mogą szybko wyprowadzić Twój plan emerytalny z równowagi. Wielu emerytów zakłada, że ich oszczędności i ubezpieczenie społeczne wystarczą na pokrycie podstawowych potrzeb, ale nie planują nieoczekiwanych zdarzeń. Bez finansowej poduszki lub funduszu awaryjnego emeryci mogą przedwcześnie sięgnąć do swoich oszczędności emerytalnych lub zaciągnąć dług, co może wyczerpać ich zasoby szybciej, niż się spodziewali.

Aby uniknąć niedoszacowania wydatków emerytalnych, konieczne jest stworzenie kompleksowego i realistycznego budżetu emerytalnego. Zacznij od analizy bieżących wydatków, a następnie dostosuj je do wszelkich przewidywanych zmian na emeryturze. Weź pod uwagę zarówno koszty stałe, takie jak mieszkanie i media, jak i koszty zmienne, takie jak podróże i opieka zdrowotna. Weź pod uwagę inflację, rosnące koszty opieki zdrowotnej i potencjalne potrzeby opieki długoterminowej. Podejmując proaktywne podejście i planując szeroki zakres wydatków, możesz pomóc zapewnić, że oszczędności emerytalne wystarczą na całe Twoje życie.

Dobrym pomysłem jest również okresowe przeglądanie i dostosowywanie budżetu w miarę zbliżania się do emerytury i w trakcie jej trwania. Okoliczności życiowe zmieniają się, podobnie jak wydatki. Regularnie przeglądając plan emerytalny i budżet, możesz wprowadzać zmiany w razie potrzeby, aby mieć pewność, że pozostaniesz na właściwej drodze. Niezależnie od tego, czy chodzi o ograniczenie wydatków uznaniowych, dostosowanie strategii inwestycyjnej, czy znalezienie sposobów na generowanie dodatkowego dochodu, zachowanie elastyczności i proaktywności może pomóc Ci stawić czoła wyzwaniom finansowym związanym z emeryturą.

Podsumowując, niedoszacowanie wydatków emerytalnych to błąd, który może mieć poważne konsekwencje. Emerytura to czas, w którym powinieneś móc się zrelaksować i cieszyć owocami swojej pracy, ale niedokładne oszacowanie wydatków może prowadzić do stresu finansowego i niepewności. Rozumiejąc prawdziwe koszty emerytury — w tym zmiany stylu życia, opiekę zdrowotną, inflację, mieszkanie i nieoczekiwane zdarzenia — możesz stworzyć dokładniejszy i bardziej realistyczny plan na przyszłość. Dzięki starannemu planowaniu możesz uniknąć tej powszechnej pułapki i cieszyć się finansowo bezpieczną i satysfakcjonującą emeryturą.

Brak dywersyfikacji inwestycji

Jednym z najważniejszych, a jednocześnie często pomijanych aspektów planowania emerytalnego jest dywersyfikacja inwestycji. Dywersyfikacja polega na rozłożeniu inwestycji na różne klasy aktywów — takie jak akcje, obligacje, nieruchomości i ekwiwalenty gotówki — w celu zmniejszenia ryzyka i zwiększenia potencjału zwrotów. Brak dywersyfikacji może narazić Cię na znaczne ryzyko finansowe i potencjalnie zagrozić Twojemu bezpieczeństwu emerytalnemu.

Podstawową zaletą dywersyfikacji jest to, że pomaga ona zarządzać ryzykiem. Różne rodzaje inwestycji reagują inaczej na warunki rynkowe. Na przykład akcje i obligacje często zachowują się inaczej w tych samych warunkach ekonomicznych. Akcje mogą zapewniać wysokie zyski w okresie rozkwitu gospodarki, ale mogą być zmienne w okresach recesji. Z drugiej strony obligacje są generalnie bardziej stabilne, ale mogą oferować niższe zyski. Posiadając mieszankę rodzajów aktywów, możesz zmniejszyć prawdopodobieństwo, że słabe wyniki w jednym obszarze będą miały poważny wpływ na cały portfel.

Częstym błędem, jaki popełnia wielu inwestorów, jest koncentrowanie swoich inwestycji w jednej klasie aktywów lub niewielkiej liczbie indywidualnych akcji. Na przykład niektórzy ludzie inwestują dużo w akcje swojego pracodawcy lub w jedną branżę, która ich zdaniem będzie miała dobre wyniki. Chociaż takie podejście może czasami przynieść wysokie zyski, wiąże się również ze znacznym ryzykiem. Jeśli firma lub sektor doświadczy recesji, wpływ na Twój portfel może być poważny, potencjalnie podważając Twoją stabilność finansową na emeryturze.

Inną pułapką braku dywersyfikacji jest nadmierne poleganie na jednej strategii inwestycyjnej. Na przykład niektórzy inwestorzy mogą preferować akcje wzrostowe, wierząc, że zapewnią one najwyższe zwroty. Podczas gdy akcje wzrostowe mogą rzeczywiście oferować znaczne zwroty, mogą być również wysoce zmienne. Dobrze zdywersyfikowany portfel obejmuje mieszankę typów aktywów, takich jak akcje wzrostowe, akcje wypłacające dywidendy, obligacje i inwestycje alternatywne, co pomaga zrównoważyć potencjalne zwroty z ryzykiem.

Nieruchomości to kolejny ważny obszar do rozważenia w dywersyfikacji. Podczas gdy wielu inwestorów koncentruje się wyłącznie na akcjach i obligacjach, nieruchomości mogą zapewnić dodatkowe strumienie dochodów i potencjalne korzyści podatkowe. Inwestowanie w nieruchomości lub fundusze inwestycyjne w nieruchomości (REIT) może oferować inny profil ryzyka i zwrotu w porównaniu z tradycyjnymi inwestycjami. Jednak inwestowanie w nieruchomości bez uwzględnienia innych klas aktywów może narazić Cię na ryzyka specyficzne dla danego sektora, takie jak wahania wartości nieruchomości lub dochody z wynajmu.

Dywersyfikacja obejmuje również dywersyfikację geograficzną. Inwestowanie wyłącznie w aktywa krajowe oznacza, że jesteś narażony na warunki ekonomiczne jednego kraju. Globalna dywersyfikacja rozkłada ryzyko na różne gospodarki i rynki, co może być szczególnie cenne, jeśli Twój kraj doświadcza recesji gospodarczej. Inwestycje międzynarodowe, w tym rynki wschodzące, mogą oferować dodatkowe możliwości wzrostu i pomagać łagodzić ryzyko związane z inwestowaniem w tylko jeden region.

Powiązaną koncepcją jest alokacja aktywów, która polega na rozdysponowaniu inwestycji w różnych klasach aktywów w oparciu o tolerancję ryzyka, cele inwestycyjne i horyzont czasowy. Właściwa alokacja aktywów zapewnia, że portfel jest zgodny z celami finansowymi i może wytrzymać wahania rynkowe. W miarę zbliżania się do emerytury kluczowe jest dostosowanie alokacji aktywów w celu zmniejszenia ryzyka przy jednoczesnym dążeniu do wzrostu. Na przykład możesz stopniowo przechodzić z wyższej alokacji w akcjach na wyższą alokację w obligacjach i innych mniej zmiennych aktywach.

Innym ważnym aspektem dywersyfikacji jest regularne rebalansowanie portfela. Z czasem różne inwestycje będą rosły w różnym tempie, powodując, że portfel będzie odbiegał od pierwotnej alokacji aktywów. Na przykład, jeśli akcje radzą sobie wyjątkowo dobrze, mogą zdominować Twój portfel, zwiększając Twoją ekspozycję na ryzyko giełdowe. Rebalansowanie polega na dostosowywaniu inwestycji, aby powrócić do pożądanej alokacji, zapewniając, że Twój poziom ryzyka pozostaje zgodny z Twoimi celami emerytalnymi.

Brak dywersyfikacji oznacza również utratę potencjalnych korzyści z różnych rodzajów inwestycji. Na przykład, podczas gdy akcje oferują potencjał wzrostu, obligacje zapewniają stały dochód i stabilność. Dywersyfikacja pomaga uchwycić korzyści każdej klasy aktywów, jednocześnie łagodząc ich indywidualne ryzyko. Ponadto dywersyfikacja w obrębie klas aktywów, taka jak posiadanie różnych akcji w różnych branżach i sektorach, może dodatkowo usprawnić zarządzanie ryzykiem.

Konsekwencje braku dywersyfikacji mogą być poważne. W okresach zmienności rynku portfel niezdywersyfikowany może ponieść większe straty niż portfel dobrze zdywersyfikowany. Może to być szczególnie problematyczne, jeśli zbliżasz się do emerytury i nie masz czasu na odzyskanie znacznych strat. Rozkładając inwestycje na różne klasy aktywów i sektory, możesz lepiej znosić wahania rynku i zmniejszyć prawdopodobieństwo znacznych strat wpływających na Twoje plany emerytalne.

Aby uniknąć pułapek niewystarczającej dywersyfikacji, rozważ konsultację z doradcą finansowym, który może pomóc zaprojektować zdywersyfikowaną strategię inwestycyjną dostosowaną do Twoich konkretnych potrzeb i celów. Doradca może ocenić Twoje obecne portfolio, zalecić zmiany i pomóc Ci utrzymać się na drodze do realizacji planu inwestycyjnego. Ponadto może udzielić wskazówek dotyczących alokacji aktywów, zarządzania ryzykiem i strategii rebalansowania.

Podsumowując, brak dywersyfikacji inwestycji jest częstym i potencjalnie kosztownym błędem w planowaniu emerytalnym. Dywersyfikacja pomaga zarządzać ryzykiem, zwiększać potencjalne zyski i wzmacniać stabilność finansową. Rozkładając inwestycje na różne klasy aktywów, sektory i regiony geograficzne, możesz zbudować bardziej odporny portfel, który lepiej znosi wahania rynku i wspiera Twoje długoterminowe cele emerytalne. Regularne przeglądanie i dostosowywanie strategii inwestycyjnej, a także zasięganie profesjonalnej porady, może dodatkowo zapewnić, że Twoje oszczędności emerytalne pozostaną na właściwym torze i będą odpowiednio chronione.

Ignorowanie inflacji

Jednym z najpoważniejszych wyzwań w planowaniu emerytury jest uwzględnienie inflacji. Inflacja odnosi się do stopniowego wzrostu kosztów dóbr i usług w czasie, co osłabia siłę nabywczą pieniądza. Podczas planowania emerytury wiele osób pomija wpływ inflacji, co może prowadzić do niedoszacowania funduszy potrzebnych do utrzymania pożądanego standardu życia przez cały okres emerytury.

Inflacja jest często niedoceniana, ponieważ jej skutki nie zawsze są od razu widoczne. Na przykład niewielki, stopniowy wzrost cen każdego roku może wydawać się nieistotny w krótkim okresie, ale w ciągu kilku dekad może znacznie zmniejszyć wartość oszczędności. Jeśli nie uwzględnisz inflacji w planowaniu emerytury, ryzykujesz, że oszczędności, które wydawały się wystarczające, gdy przechodziłeś na emeryturę, nie będą już wystarczające, aby pokryć koszty utrzymania.

Jednym z najbardziej oczywistych przykładów wpływu inflacji jest koszt artykułów codziennego użytku. Rozważ, jak zmieniały się ceny artykułów spożywczych, opieki zdrowotnej lub rachunków za media na przestrzeni lat. Na przykład bochenek chleba, który dziesięć lat temu kosztował kilka dolarów, teraz może kosztować dwa razy więcej. Podobnie koszty opieki zdrowotnej rosną w tempie, które często przewyższa ogólną inflację. Wraz z wiekiem możesz potrzebować więcej usług medycznych, a jeśli inflacja nie zostanie uwzględniona w Twoim planowaniu, możesz zostać zaskoczony rosnącymi wydatkami medycznymi.

Innym krytycznym aspektem inflacji jest jej wpływ na inwestycje o stałym dochodzie. Wielu emerytów polega na inwestycjach o stałym dochodzie, takich jak obligacje lub renty, aby zapewnić stały strumień dochodu. Jednak stały charakter tych źródeł dochodu oznacza, że nie dostosowują się do inflacji. Z czasem rzeczywista wartość dochodu, który zapewniają, maleje, co utrudnia pokrywanie rosnących wydatków. Na przykład, jeśli otrzymujesz stałą miesięczną płatność z renty, jej siła nabywcza zmniejszy się wraz ze wzrostem cen, co zmniejszy Twoją zdolność do utrzymania dotychczasowego stylu życia. Inflacja może również wpłynąć na wartość kont oszczędnościowych na emeryturę, takich jak emerytury lub inne plany zdefiniowanych świadczeń. Plany te mogą oferować stałą miesięczną wypłatę, która z czasem może nie nadążać za inflacją. Bez uwzględnienia inflacji emeryci mogą doświadczyć stopniowego spadku standardu życia w miarę wzrostu kosztów towarów i usług.

Aby złagodzić wpływ inflacji, konieczne jest uwzględnienie jej w planowaniu emerytury. Jednym ze sposobów jest wykorzystanie skorygowanych o inflację zwrotów przy szacowaniu przyszłej wartości oszczędności. Na przykład, jeśli spodziewasz się średniej rocznej stopy inflacji na poziomie 2%, powinieneś wziąć to pod uwagę przy obliczaniu, ile będziesz musiał zaoszczędzić i jak Twoje inwestycje będą się zachowywać w czasie. Dostosowanie celów oszczędności emerytalnych do inflacji zapewnia, że Twoje fundusze zachowają siłę nabywczą przez cały okres emerytury.

Inwestowanie w aktywa, które historycznie wyprzedzają inflację, może również pomóc w ochronie przed jej skutkami. Na przykład akcje zazwyczaj zapewniają zwroty przewyższające inflację w długim okresie. Chociaż akcje mogą być zmienne, oferują potencjał wzrostu, który może pomóc zrównoważyć wpływ rosnących cen. Nieruchomości to kolejna klasa aktywów, która może służyć jako zabezpieczenie przed inflacją, ponieważ wartości nieruchomości i dochody z wynajmu często rosną wraz z inflacją.

Inną strategią jest rozważenie inwestycji z wbudowaną ochroną przed inflacją. Na przykład niektóre obligacje rządowe są zaprojektowane tak, aby zapewniać zwroty, które dostosowują się do inflacji, takie jak obligacje powiązane z inflacją. Te obligacje zapewniają regularne płatności odsetek, które rosną wraz z inflacją, pomagając zachować siłę nabywczą dochodu.

Rozsądnie jest również okresowo przeglądać i dostosowywać swój plan emerytalny, aby uwzględnić zmiany stóp inflacji. Warunki ekonomiczne i stopy inflacji mogą się wahać, więc pozostawanie poinformowanym i dostosowywanie strategii inwestycyjnej w razie potrzeby może pomóc Ci lepiej zarządzać ryzykiem inflacji. Regularna ponowna ocena budżetu, wydatków i wyników inwestycyjnych zapewnia, że Twój plan emerytalny pozostaje na dobrej drodze do osiągnięcia długoterminowych celów.

Dla osób zaniepokojonych wpływem inflacji na oszczędności emerytalne konsultacja z doradcą finansowym może być korzystna. Profesjonalista może pomóc Ci opracować strategię uwzględniającą inflację, zoptymalizować portfel inwestycyjny i upewnić się, że Twoje oszczędności są odpowiednio dostosowane do celów emerytalnych. Doradcy mogą również udzielić wskazówek dotyczących inwestycji chronionych przed inflacją i innych produktów finansowych, które mogą pomóc złagodzić ryzyko inflacji.

Podsumowując, ignorowanie inflacji jest krytycznym błędem w planowaniu emerytalnym, który może prowadzić do poważnych wyzwań finansowych. Ponieważ inflacja z czasem osłabia siłę nabywczą pieniądza, ważne jest, aby uwzględnić ją w swojej strategii emerytalnej. Poprzez uwzględnienie inflacji, inwestowanie w aktywa nastawione na wzrost, rozważanie inwestycji chronionych przed inflacją i regularne przeglądanie swojego planu możesz lepiej chronić swoje oszczędności emerytalne i upewnić się, że wystarczą na całe lata emerytalne.

Nadmierne poleganie na ubezpieczeniach społecznych

Wiele osób popełnia poważny błąd, polegając nadmiernie na systemie ubezpieczeń społecznych swojego kraju lub emeryturze państwowej jako głównym źródle dochodu emerytalnego. Podczas gdy te świadczenia zapewniane przez rząd mogą stanowić podstawę wsparcia finansowego na emeryturze, zazwyczaj nie wystarczają na pokrycie wszystkich wydatków związanych z utrzymaniem wygodnego stylu życia. Poleganie wyłącznie na ubezpieczeniu społecznym może narazić emerytów na trudności finansowe, szczególnie w obliczu stale rosnących kosztów utrzymania i wydłużającej się oczekiwanej długości życia.

Jednym z głównych problemów związanych z nadmiernym poleganiem na ubezpieczeniu społecznym jest to, że miesięczne płatności są często skromne, zwłaszcza w porównaniu do kosztów utrzymania w wielu regionach. Te płatności są zazwyczaj zaprojektowane tak, aby zapewnić sieć bezpieczeństwa, a nie w celu pełnego zastąpienia dochodu z pracy. W wielu krajach świadczenia z ubezpieczenia społecznego pokrywają tylko ułamek dochodu osoby przed przejściem na emeryturę, często wahając się od 30% do 50%. Dla wielu osób jest to niewystarczające, aby utrzymać tę samą jakość życia, jaką cieszyli się podczas pracy.

Ponadto systemy zabezpieczenia społecznego w różnych krajach podlegają ciągłym obciążeniom finansowym ze względu na zmiany demograficzne. Wraz ze starzeniem się populacji i mniejszą liczbą pracowników wnoszących wkład do systemu w stosunku do liczby emerytów, wiele rządów staje przed wyzwaniami w utrzymaniu swoich programów zabezpieczenia społecznego. Obciążenie to doprowadziło do reform, takich jak podniesienie wieku emerytalnego, obniżenie świadczeń lub zmiana kryteriów kwalifikowalności. Poleganie wyłącznie na tych świadczeniach naraża emerytów na ryzyko otrzymania mniejszego wsparcia finansowego, niż mogliby pierwotnie planować.

Inflacja dodatkowo komplikuje sytuację. Podczas gdy świadczenia z tytułu zabezpieczenia społecznego w niektórych krajach są korygowane o inflację, te korekty mogą nie w pełni nadążać za rzeczywistym wzrostem kosztów utrzymania, szczególnie w takich obszarach jak opieka zdrowotna i mieszkalnictwo. Z czasem rzeczywista wartość świadczeń z tytułu zabezpieczenia społecznego może się zmniejszyć, zmniejszając siłę nabywczą. W rezultacie emeryci, którzy są zbyt zależni od tych świadczeń, mogą mieć coraz większe trudności z pokryciem podstawowych wydatków, takich jak czynsz, media, opieka zdrowotna i żywność.

Opieka zdrowotna jest jednym z największych wydatków, z jakimi borykają się emeryci, a samo zabezpieczenie społeczne często nie wystarcza, aby pokryć rosnące koszty leczenia. Podczas gdy wiele krajów oferuje jakąś formę krajowej opieki zdrowotnej, emeryci często potrzebują dodatkowego ubezpieczenia lub dodatkowych oszczędności własnych, aby pokryć usługi, które nie są w pełni świadczone przez publiczną opiekę zdrowotną. Koszty te mogą być znaczne, szczególnie gdy osoby się starzeją i wymagają częstszej opieki medycznej. Bez odpowiednich oszczędności lub dodatkowych źródeł dochodu emeryci, którzy są w dużym stopniu uzależnieni od zabezpieczenia społecznego, mogą mieć trudności z opłaceniem potrzebnych im usług opieki zdrowotnej.

Ponadto systemy zabezpieczenia społecznego zazwyczaj zapewniają podstawowe wsparcie finansowe, ale nie uwzględniają wydatków na styl życia lub wypoczynek. Emerytura ma być czasem, w którym możesz cieszyć się owocami swojej pracy, czy to podróżując, realizując hobby, czy spędzając czas z rodziną i przyjaciółmi. Poleganie wyłącznie na zabezpieczeniu społecznym oznacza, że możesz potrzebować znacznie ograniczyć te działania, co może wpłynąć na jakość Twojego życia. Dla tych, którzy przewidują aktywną emeryturę, niezbędne jest posiadanie dodatkowych źródeł dochodu, takich jak inwestycje, oszczędności osobiste lub emerytury, aby uzupełnić to, co zapewnia zabezpieczenie społeczne.

Jedną z ważnych kwestii jest możliwość długowieczności. Ludzie żyją dłużej niż kiedykolwiek, a to świetna wiadomość dla osób, które chcą cieszyć się dłuższą emeryturą, ale oznacza to również, że Twoje pieniądze muszą wystarczyć na dłużej. Nadmierne poleganie na ubezpieczeniu społecznym może narazić emerytów na ryzyko przeżycia ich zasobów finansowych. Ponieważ wypłaty często nie wystarczają na pokrycie długoterminowych potrzeb, emeryci bez wystarczających oszczędności mogą mieć trudności finansowe w późniejszym życiu, gdy będą mniej zdolni do dostosowania swoich wydatków lub powrotu do pracy.

Aby uniknąć pułapek nadmiernego polegania na ubezpieczeniu społecznym, konieczne jest posiadanie zróżnicowanego planu emerytalnego. Może on obejmować programy emerytalne sponsorowane przez pracodawcę, oszczędności osobiste, inwestycje i inne aktywa generujące dochód. Budowanie wielu strumieni dochodu zapewnia, że nie jesteś całkowicie zależny od jednego źródła funduszy, dzięki czemu Twoja przyszłość finansowa jest bezpieczniejsza.

Zacznij od oceny, ile zapewni ubezpieczenie społeczne i porównaj to z przewidywanymi wydatkami na emeryturę. To porównanie może pomóc Ci ustalić, ile dodatkowych oszczędności lub dochodów będziesz potrzebować, aby utrzymać pożądany styl życia. Planiści finansowi często zalecają, aby dążyć do zastąpienia co najmniej 70% do 80% dochodu sprzed emerytury, aby wygodnie pokryć wydatki na emeryturze. Ponieważ samo ubezpieczenie społeczne zazwyczaj pokrywa znacznie mniejszy procent tej kwoty, będziesz musiał uzupełnić różnicę z innych źródeł.

Mądre inwestowanie w latach pracy może pomóc zapewnić wystarczające oszczędności na emeryturę. Rozważ wpłaty na konta emerytalne, fundusze inwestycyjne lub inne długoterminowe instrumenty inwestycyjne, które oferują potencjał wzrostu. Aktywa te mogą pomóc Ci zbudować rezerwę, która uzupełni Twoje świadczenia z ubezpieczenia społecznego, zapewniając większe bezpieczeństwo finansowe w miarę starzenia się.

Innym sposobem na złagodzenie nadmiernego polegania na zabezpieczeniu społecznym jest opóźnienie pobierania świadczeń, jeśli to możliwe. W wielu krajach opóźnienie wypłat zabezpieczenia społecznego poza oficjalny wiek emerytalny może skutkować wyższymi miesięcznymi płatnościami. Chociaż może to nie być wykonalne dla każdego, szczególnie dla osób z problemami zdrowotnymi lub ograniczonymi oszczędnościami, może to być mądra strategia dla tych, którzy mogą sobie pozwolić na czekanie.

W niektórych przypadkach praca w niepełnym wymiarze godzin na emeryturze może pomóc w zniwelowaniu luki między świadczeniami z ubezpieczenia społecznego a potrzebami finansowymi. Wielu emerytów decyduje się na elastyczną lub niepełnoetatową pracę, aby pozostać aktywnym i uzupełnić dochód. Ta strategia nie tylko zapewnia korzyści finansowe, ale może również nadać strukturę i cel Twoim latom emerytalnym.

Na koniec, kluczowe jest, aby być na bieżąco ze zmianami w polityce i przepisach dotyczących ubezpieczeń społecznych. Rządy regularnie dokonują zmian w tych programach, co może mieć wpływ na to, kiedy i ile możesz otrzymać. Będąc poinformowanym, możesz odpowiednio dostosować swoje plany emerytalne i uniknąć zaskoczenia nieoczekiwanymi zmianami.

Podsumowując, podczas gdy ubezpieczenie społeczne może być cenną częścią dochodu emerytalnego, zbytnie poleganie na nim jest błędem, który może prowadzić do problemów finansowych. Ubezpieczenie społeczne ma uzupełniać, a nie zastępować dochód i często nie wystarcza, aby pokryć wszystkie wydatki na emeryturze. Dywersyfikując źródła dochodu, planując inflację i oszczędzając przez cały okres pracy, możesz stworzyć bezpieczniejszą podstawę finansową i cieszyć się wygodniejszą i bardziej satysfakcjonującą emeryturą.

Brak planowania kosztów opieki zdrowotnej

Jednym z najczęstszych i najpoważniejszych błędów, jakie ludzie popełniają, przygotowując się do emerytury, jest niedoszacowanie lub brak planowania kosztów opieki zdrowotnej. Opieka zdrowotna jest jednym z największych wydatków, z jakimi borykają się emeryci, a brak odpowiedniego przygotowania może prowadzić do obciążeń finansowych w tym, co powinno być komfortową i bezstresową fazą życia. W przeciwieństwie do wielu innych wydatków emerytalnych, koszty opieki zdrowotnej są nie tylko nieuniknione, ale również mają tendencję do znacznego wzrostu wraz z wiekiem.

W miarę starzenia się ludzi ich potrzeby w zakresie opieki zdrowotnej zazwyczaj rosną. Prawdopodobieństwo konieczności częstszych wizyt u lekarza, przyjmowania leków, zabiegów i ewentualnie długoterminowej opieki rośnie wraz z upływem czasu. Wielu emerytów jest zaskoczonych tym, jak dużą część ich budżetu pochłania opieka zdrowotna, zwłaszcza gdy osiągają wiek, w którym problemy zdrowotne stają się bardziej powszechne. Podczas gdy niektóre kraje zapewniają podstawową lub dotowaną opiekę zdrowotną, rzeczywiste koszty własne mogą być nadal znaczne i często rosną wraz ze wzrostem złożoności i częstotliwości potrzeb w zakresie opieki zdrowotnej.

Na początek, koszty regularnych wizyt lekarskich i leków mogą stać się poważnym obciążeniem finansowym, jeśli nie zostaną odpowiednio rozliczone. Z biegiem lat rutynowe kontrole, wizyty u specjalistów i leczenie przewlekłych schorzeń stają się coraz częstsze. Leki na receptę mogą być szczególnie drogie, zwłaszcza dla osób, które wymagają długotrwałego leczenia takich schorzeń jak cukrzyca, wysokie ciśnienie krwi lub zapalenie stawów. Bez odpowiedniego planowania finansowego koszty te mogą szybko pochłonąć oszczędności emerytalne.

Oprócz rutynowej opieki medycznej emeryci mogą musieć uwzględnić większe wydatki na opiekę zdrowotną, takie jak operacje, rehabilitacja i inne poważne zabiegi medyczne. Wraz z wiekiem wzrasta ryzyko poważnych problemów zdrowotnych, takich jak choroby serca, udar, rak lub problemy z mobilnością, z których wszystkie mogą wymagać kosztownych interwencji medycznych. Te nieoczekiwane wydatki medyczne mogą być finansowo wyniszczające, jeśli nie masz środków na ich pokrycie.

Jednym z obszarów, który jest często pomijany w planowaniu emerytury, jest potencjalna potrzeba opieki długoterminowej. Wraz ze wzrostem oczekiwanej długości życia coraz więcej emerytów dożywa 80. roku życia i dłużej, a wraz z wiekiem wzrasta prawdopodobieństwo, że będą potrzebować pomocy w codziennych czynnościach, takich jak kąpiel, ubieranie się, jedzenie i poruszanie się. Opieka ta może być świadczona w domu przez opiekuna lub w ośrodku opieki stacjonarnej, ale obie opcje mogą być kosztowne. Opieka długoterminowa jest często konieczna przez kilka lat, szczególnie w przypadkach pogorszenia funkcji poznawczych, takich jak demencja lub choroba Alzheimera. Wydatki związane z opieką długoterminową są znaczne i mogą szybko wyczerpać oszczędności emerytalne, jeśli nie zostaną uwzględnione w planie emerytalnym.

Wielu emerytów musi również stawić czoła zwiększonym kosztom opieki stomatologicznej, okulistycznej i słuchowej. Te obszary opieki zdrowotnej są często pomijane w planowaniu emerytury, ale z czasem mogą się kumulować. Wraz z wiekiem problemy stomatologiczne, takie jak choroby dziąseł, utrata zębów i konieczność noszenia protez zębowych, stają się coraz powszechniejsze. Podobnie problemy ze wzrokiem, takie jak zaćma lub jaskra, oraz utrata słuchu często wymagają ciągłych zabiegów, operacji korekcyjnych lub stosowania urządzeń, takich jak okulary, soczewki kontaktowe lub aparaty słuchowe. Koszty te mogą być znaczne, zwłaszcza że mają tendencję do wzrostu wraz z wiekiem.

Planowanie opieki zdrowotnej na emeryturze obejmuje oszacowanie tych kosztów tak dokładnie, jak to możliwe, i odłożenie odpowiednich oszczędności na ich pokrycie. Ważne jest również, aby rozpocząć planowanie wcześnie. Wiele osób czeka, aż zbliży się do wieku emerytalnego, aby zacząć myśleć o wydatkach na opiekę zdrowotną, ale im wcześniej zaczniesz, tym lepiej będziesz przygotowany na radzenie sobie z tymi kosztami.

Jedną ze skutecznych strategii zarządzania wydatkami na opiekę zdrowotną jest utworzenie specjalnego funduszu opieki zdrowotnej w ramach ogólnych oszczędności emerytalnych. Fundusz ten powinien być specjalnie przeznaczony na wydatki medyczne, w tym zarówno rutynową opiekę, jak i nieoczekiwane potrzeby opieki zdrowotnej. Budowanie tego funduszu w czasie pozwala rozłożyć ciężar finansowy i zapewnia, że nie zostaniesz zaskoczony wysokimi rachunkami za opiekę medyczną na emeryturze. Niektórzy doradcy finansowi zalecają odłożenie części oszczędności emerytalnych specjalnie na koszty opieki zdrowotnej, aby mieć pewność, że będziesz w stanie pokryć zwiększone wydatki związane ze starzeniem się.

Innym ważnym aspektem planowania opieki zdrowotnej jest prowadzenie zdrowego trybu życia przed i w trakcie emerytury. Podczas gdy niektóre koszty opieki zdrowotnej są nieuniknione, wiele z nich można złagodzić poprzez wybory dotyczące stylu życia. Utrzymywanie zdrowej diety, regularne ćwiczenia i unikanie szkodliwych nawyków, takich jak palenie, może pomóc zmniejszyć ryzyko chorób przewlekłych, które często prowadzą do wyższych kosztów leczenia w późniejszym okresie życia. Regularna opieka profilaktyczna jest również ważna, ponieważ może pomóc wykryć problemy zdrowotne na wczesnym etapie, gdy są łatwiejsze i tańsze w leczeniu.

Dodatkowo, rozważ swoją sytuację mieszkaniową i to, jak może ona wpłynąć na Twoje potrzeby w zakresie opieki zdrowotnej na emeryturze. Wielu emerytów decyduje się na przeprowadzkę do mniejszego mieszkania lub do społeczności, które oferują łatwiejszy dostęp do placówek i usług medycznych. Niektórzy decydują się na życie w społecznościach emerytalnych, gdzie usługi opieki zdrowotnej są łatwiej dostępne lub gdzie mogą otrzymać pomoc w miarę starzenia się. Chociaż przeprowadzka może wiązać się z początkowymi kosztami, ostatecznie może zaoszczędzić pieniądze i zmniejszyć stres, zapewniając szybki i niezawodny dostęp do usług opieki zdrowotnej, których będziesz potrzebować w miarę starzenia się.

Podsumowując, brak planowania kosztów opieki zdrowotnej to poważne niedopatrzenie, które może poważnie wpłynąć na Twoją stabilność finansową na emeryturze. Wydatki na opiekę zdrowotną mają tendencję do wzrostu wraz z wiekiem, a ich brak może prowadzić do trudności finansowych i ograniczyć Twoją możliwość cieszenia się latami emerytalnymi. Aby uniknąć tego błędu, konieczne jest oszacowanie przyszłych kosztów opieki zdrowotnej, utworzenie specjalnego funduszu oszczędnościowego na wydatki medyczne i rozważenie wyborów dotyczących stylu życia i mieszkania, które mogą pomóc złagodzić przyszłe problemy zdrowotne. Podejmując te kroki, możesz lepiej zabezpieczyć się przed ryzykiem finansowym związanym z opieką zdrowotną i upewnić się, że masz zasoby, których potrzebujesz, aby cieszyć się zdrową i bezpieczną emeryturą.

Zaniedbywanie skutków podatkowych

Jednym z najczęściej pomijanych aspektów planowania emerytalnego jest zrozumienie i rozliczenie skutków podatkowych dochodu emerytalnego. Wiele osób zakłada, że emerytura automatycznie oznacza niższe obciążenie podatkowe, ale nie zawsze tak jest. Zaniedbanie planowania podatków może prowadzić do nieoczekiwanych trudności finansowych, zmniejszenia dochodów i obniżenia standardu życia na emeryturze. Podczas gdy przepisy podatkowe różnią się w zależności od kraju, zasada zarządzania podatkami i przygotowywania się do nich ma zastosowanie uniwersalne.

W większości krajów różne źródła dochodu emerytalnego — takie jak emerytury, oszczędności, inwestycje i wypłaty z kont emerytalnych — podlegają opodatkowaniu. Nieuwzględnienie tych podatków może skutkować znacznie niższym dochodem dla emerytów, niż się spodziewali. Bez starannego planowania możesz stanąć w obliczu wyższych podatków, które uszczuplą Twoje oszczędności emerytalne, wpływając na Twoją zdolność do pokrycia kosztów utrzymania, kosztów opieki zdrowotnej i cieszenia się emeryturą.

Jednym z kluczowych zagadnień podatkowych na emeryturze jest opodatkowanie świadczeń emerytalnych. W wielu krajach emerytury wypłacane przez państwo lub pracodawcę podlegają podatkowi dochodowemu, a kwota podatku, którą musisz zapłacić, może zależeć od całkowitego dochodu na emeryturze. Jeśli masz wiele źródeł dochodu, takich jak nieruchomości na wynajem lub dywidendy inwestycyjne, Twoje ogólne zobowiązanie podatkowe może być wyższe niż oczekiwano. Dla emerytów, którzy są przyzwyczajeni do tego, że ich emerytura zapewnia znaczną część dochodu emerytalnego, odkrycie, że duża jego część podlega opodatkowaniu, może być przykrym przebudzeniem.

Dochód z inwestycji to kolejny obszar, w którym emeryci często zaniedbują uwzględnienie skutków podatkowych. Dywidendy, zyski kapitałowe i odsetki od inwestycji są często opodatkowane, a stawki mogą się różnić w zależności od przepisów podatkowych Twojego kraju i rodzaju inwestycji. Jeśli zainwestowałeś w akcje, obligacje, fundusze inwestycyjne lub nieruchomości, ważne jest, aby zrozumieć, w jaki sposób Twoje zwroty będą opodatkowane. Niektóre inwestycje, takie jak akcje wypłacające dywidendy, mogą oferować korzystne stawki podatkowe, podczas gdy inne mogą być opodatkowane wyższymi stawkami, co może nadwyrężyć Twoje ogólne zwroty.

Wypłaty z kont oszczędnościowych na emeryturę lub prywatnych emerytur również pociągają za sobą implikacje podatkowe. W wielu krajach wpłaty na niektóre konta emerytalne dokonywane są z dochodu przed opodatkowaniem, co oznacza, że odraczasz płacenie podatków od tych funduszy do momentu ich wypłaty na emeryturze. Podczas gdy daje to korzyści podatkowe w latach pracy, oznacza to, że wypłaty z tych kont będą podlegać podatkowi dochodowemu na emeryturze. Im więcej wypłacisz w danym roku, tym wyższe może być Twoje zobowiązanie podatkowe, zwłaszcza jeśli spowoduje to przesunięcie Cię do wyższego przedziału podatkowego.

Inną pułapką podatkową, w którą często wpadają emeryci, jest niewłaściwe zarządzanie czasem wypłat. W wielu przypadkach emeryci wypłacają duże sumy na początku emerytury, aby pokryć duże wydatki, takie jak remonty domów, rachunki medyczne lub podróże. Duże wypłaty mogą znacznie zwiększyć dochód podlegający opodatkowaniu w danym roku, co prowadzi do wyższego rachunku za podatek niż w przypadku rozłożenia tych wypłat na kilka lat. Problem ten pogłębia się, jeśli otrzymujesz dochód z wielu źródeł, takich jak emerytura, zwroty z inwestycji i dochód z wynajmu, z których wszystkie mogą być opodatkowane różnymi stawkami.

Jedną z kluczowych strategii łagodzenia obciążeń podatkowych jest dywersyfikacja źródeł dochodu emerytalnego. Na przykład posiadanie mieszanki źródeł dochodu podlegającego opodatkowaniu i niepodlegającego opodatkowaniu może pomóc zmniejszyć ogólne zobowiązania podatkowe. Niektóre kraje oferują konta wolne od podatku dla emerytów, gdzie inwestycje lub oszczędności mogą rosnąć bez podatku, a wypłaty nie są opodatkowane. Korzystanie z tych typów kont wraz z innymi strumieniami dochodu podlegającego opodatkowaniu może pomóc w zarządzaniu ryzykiem podatkowym i zapewnić zachowanie większej części dochodu emerytalnego.

Emeryci mogą również skorzystać ze strategii wypłat korzystnych podatkowo. W niektórych przypadkach korzystne może być najpierw wypłacenie środków z kont opodatkowanych niższą stawką, co pozwoli na dalszy wzrost kont z odroczonym podatkiem. Rozkładając wypłaty i zwracając uwagę na przedziały podatkowe, emeryci mogą zminimalizować obciążenie podatkowe, zapewniając jednocześnie zaspokojenie potrzeb dochodowych.

Podatki od zysków kapitałowych to kolejny ważny aspekt, który należy wziąć pod uwagę. Jeśli posiadasz inwestycje, takie jak akcje, nieruchomości lub inne aktywa, ich sprzedaż na emeryturze może skutkować podatkami od zysków kapitałowych. Wielu emerytów nie bierze tego pod uwagę podczas planowania swoich finansów, zakładając, że zwroty z inwestycji są wolne od podatku. Zrozumienie, jak działają podatki od zysków kapitałowych, w tym różnica między krótkoterminowymi i długoterminowymi zyskami kapitałowymi, może pomóc Ci lepiej zaplanować, kiedy i jak sprzedawać aktywa, aby zminimalizować swoje zobowiązania podatkowe.

Jeśli planujesz przeprowadzkę na emeryturę, w obrębie swojego kraju lub do innego kraju, musisz wziąć pod uwagę konsekwencje podatkowe tej przeprowadzki. Niektóre regiony lub kraje mają różne przepisy podatkowe dla emerytów, które mogą zwiększyć lub zmniejszyć obciążenie podatkowe w zależności od miejsca przeprowadzki. Na przykład niektóre kraje oferują korzystne stawki podatkowe dla zagranicznych emerytów lub niższe stawki podatkowe dla niektórych rodzajów dochodów. Ważne jest, aby zbadać przepisy podatkowe każdego potencjalnego miejsca na emeryturę, aby uniknąć nieoczekiwanych rachunków podatkowych po przeprowadzce.

Dla emerytów, którzy posiadają nieruchomości, dochód z wynajmu może być cennym źródłem dochodu na emeryturze. Jednak wiele osób nie zdaje sobie sprawy, że dochód z wynajmu jest często opodatkowany i może znacznie zwiększyć ich roczny rachunek podatkowy. Ponadto sprzedaż nieruchomości wynajmowanej może skutkować podatkiem od zysków kapitałowych, co może jeszcze bardziej skomplikować sytuację podatkową. Właściwe planowanie skutków podatkowych posiadania i sprzedaży nieruchomości może pomóc uniknąć niespodzianek finansowych na emeryturze.

Podatki od spadków i majątków są również niezwykle ważne, zwłaszcza jeśli planujesz przekazać majątek swojej rodzinie. Niektóre kraje nakładają podatki na aktywa pozostawione spadkobiercom, co może znacznie zmniejszyć kwotę, jaką otrzymają Twoi beneficjenci. Brak planowania tych podatków może prowadzić do niezamierzonych konsekwencji finansowych dla Twoich bliskich. Włączając planowanie majątku do swojej strategii emerytalnej, możesz mieć pewność, że Twoje aktywa zostaną rozdzielone zgodnie z Twoimi życzeniami, a podatki zostaną zminimalizowane, gdzie to możliwe.

Podsumowując, zaniedbywanie skutków podatkowych jest częstym i kosztownym błędem w planowaniu emerytury. Dochód emerytalny podlega różnym podatkom, w tym podatkowi dochodowemu od emerytur, wypłat z kont oszczędnościowych, zwrotów z inwestycji i zysków kapitałowych. Zrozumienie i zaplanowanie tych podatków jest niezbędne do zachowania oszczędności emerytalnych i utrzymania wygodnego stylu życia. Strategie takie jak dywersyfikacja źródeł dochodu, ustalanie czasu wypłat i korzystanie z kont z ulgami podatkowymi mogą pomóc zmniejszyć obciążenie podatkowe i chronić dobrobyt finansowy przez cały okres emerytury.

Niedostateczne oszczędzanie na emeryturę

Jednym z najpoważniejszych błędów, jakie ludzie popełniają planując emeryturę, jest niewystarczające oszczędzanie, aby utrzymać pożądany styl życia w późniejszych latach. Niedostateczne oszczędzanie na emeryturę może prowadzić do problemów finansowych, zmuszając emerytów do pójścia na kompromis w kwestii standardu życia, dłuższej pracy niż planowali, a nawet polegania na wsparciu finansowym rodziny. Konsekwencje niedostatecznego oszczędzania są dalekosiężne, a ten błąd często może być trudny do naprawienia, zwłaszcza jeśli zdasz sobie z niego sprawę zbyt późno w swojej karierze.

Głównym powodem, dla którego wiele osób oszczędza za mało na emeryturę, jest to, że nie doceniają, ile będą potrzebować, aby utrzymać swój styl życia na emeryturze. Często panuje błędne przekonanie, że wydatki drastycznie spadną, gdy przestaniesz pracować. Chociaż prawdą jest, że niektóre koszty, takie jak dojazdy do pracy lub wydatki związane z pracą, mogą się zmniejszyć, wiele innych wydatków pozostaje na tym samym poziomie lub nawet wzrasta. Na przykład koszty opieki zdrowotnej zwykle rosną wraz z wiekiem, zajęcia rekreacyjne mogą stać się częstsze, a inflacja z czasem osłabia siłę nabywczą. Bez starannego planowania koszty te mogą szybko pochłonąć oszczędności emeryta, zwłaszcza jeśli nie zaoszczędził on wystarczająco dużo.

Jednym z powodów tej błędnej kalkulacji jest to, że ludzie często skupiają się na krótkoterminowej perspektywie, stawiając na pierwszym miejscu natychmiastowe potrzeby finansowe i pragnienia ponad długoterminowe oszczędności. Łatwo wpaść w pułapkę myślenia, że emerytura jest odległa i że jest mnóstwo czasu, aby nadrobić zaległości później. Jednak tego typu myślenie prowadzi do opóźnienia oszczędzania, a im dłużej czekasz na rozpoczęcie, tym trudniej jest zgromadzić niezbędne środki. Odsetki składane działają najskuteczniej, gdy mają czas na wzrost, a opóźnienie oszczędności emerytalnych oznacza utratę korzyści z kapitalizacji na przestrzeni lat.

Innym czynnikiem przyczyniającym się do niedostatecznego oszczędzania jest brak świadomości, jak długo może trwać emerytura. Wraz ze wzrostem średniej długości życia w wielu częściach świata ludzie żyją dłużej niż kiedykolwiek wcześniej. Chociaż jest to niewątpliwie pozytywne, oznacza to również, że oszczędności emerytalne muszą wystarczyć na dłużej, niż wiele osób przewiduje. Nie jest niczym niezwykłym, że osoby spędzają 20, 30, a nawet 40 lat na emeryturze, a nieuwzględnienie tego może skutkować przeżyciem oszczędności. Bez wystarczającej rezerwy pieniężnej emeryci mogą znaleźć się w trudnej sytuacji finansowej w późniejszych latach, kiedy najmniej będą w stanie wrócić do pracy lub dokonać znaczących zmian w stylu życia.

Oprócz dłuższej oczekiwanej długości życia, inflacja odgrywa znaczącą rolę w erozji wartości oszczędności w czasie. Nawet umiarkowana inflacja może znacznie zmniejszyć siłę nabywczą na emeryturze. Na przykład koszt codziennych artykułów, takich jak żywność, mieszkanie i media, może wzrosnąć na przestrzeni lat, podczas gdy wartość oszczędności pozostaje taka sama. Jeśli nie zaoszczędziłeś wystarczająco dużo, aby uwzględnić inflację, może być coraz trudniej pokryć podstawowe koszty utrzymania w miarę upływu lat.

Wiele osób nie bierze też pod uwagę stylu życia, jaki chcą mieć na emeryturze. Emerytura jest często postrzegana jako czas relaksu i przyjemności, z wolnością do uprawiania hobby, podróżowania i spędzania czasu z bliskimi. Jednak te zajęcia wymagają pieniędzy, a bez odpowiednich oszczędności emeryci mogą musieć ograniczyć swoje plany. Ważne jest, aby być realistą co do rodzaju stylu życia na emeryturze, jakiego chcesz i odpowiednio oszczędzać. Niezależnie od tego, czy planujesz dużo podróżować, przeprowadzić się, czy też zacząć nowe hobby, te zajęcia wiążą się z kosztami, które należy uwzględnić w planie oszczędności emerytalnych.

Jednym z najskuteczniejszych sposobów uniknięcia niedostatecznego oszczędzania na emeryturę jest rozpoczęcie oszczędzania wcześnie i konsekwentnie. Im wcześniej zaczniesz oszczędzać, tym więcej czasu będą miały Twoje inwestycje na wzrost. Nawet niewielkie wpłaty dokonane na początku kariery mogą z czasem przełożyć się na znaczący fundusz emerytalny. Ponadto wyrobienie w sobie nawyku regularnego oszczędzania zapewnia, że konsekwentnie dążysz do osiągnięcia swoich celów finansowych, zamiast polegać na wysiłkach podejmowanych w ostatniej chwili, aby nadrobić zaległości.

Dla tych, którzy zaczęli oszczędzać później w życiu, nie wszystko stracone, ale będą potrzebować bardziej agresywnych strategii oszczędzania i inwestowania, aby nadrobić stracony czas. Zwiększenie stopy oszczędności i ograniczenie niepotrzebnych wydatków w latach poprzedzających przejście na emeryturę może pomóc zwiększyć fundusz emerytalny. Ponadto inwestowanie w aktywa oferujące wyższe zyski, przy jednoczesnym zrozumieniu związanego z tym ryzyka, może pomóc zamknąć lukę oszczędnościową. Ważne jest jednak, aby zrównoważyć inwestycje o wyższym ryzyku z bardziej stabilnymi opcjami, aby zapewnić ochronę oszczędności, gdy zbliżasz się do emerytury.

Innym kluczowym aspektem unikania niedostatecznego oszczędzania jest regularna ponowna ocena celów emerytalnych i postępów w oszczędzaniu. Okoliczności życiowe zmieniają się i ważne jest, aby odpowiednio dostosować plan oszczędzania. Na przykład, jeśli otrzymasz podwyżkę, odziedziczysz pieniądze lub spłacisz duże długi, rozważ przeznaczenie części tego dodatkowego dochodu na oszczędności emerytalne. Okresowe przeglądanie planu oszczędzania może pomóc upewnić się, że jesteś na dobrej drodze i umożliwić wprowadzenie zmian, zanim będzie za późno.

Warto również zasięgnąć profesjonalnej porady finansowej, planując emeryturę. Wiele osób niedocenia, ile muszą zaoszczędzić, ponieważ nie są pewni, jak dokładnie obliczyć swoje potrzeby emerytalne. Doradca finansowy może pomóc ocenić Twoje cele, dochody, wydatki i inne czynniki, aby stworzyć realistyczny plan oszczędzania na emeryturę. Może również udzielić porady na temat strategii inwestycyjnych, które są zgodne z Twoją tolerancją ryzyka i długoterminowymi celami, zapewniając, że Twoje oszczędności będą rosły w odpowiednim tempie.

Na koniec, ważne jest, aby uznać, że planowanie emerytury nie polega tylko na gromadzeniu oszczędności; chodzi również o mądre zarządzanie tymi oszczędnościami. Nawet jeśli zaoszczędziłeś wystarczająco dużo, złe zarządzanie finansami na emeryturze może prowadzić do nadmiernych wydatków lub niewłaściwych inwestycji, co może szybko wyczerpać Twoje fundusze. Rozsądna strategia emerytalna obejmuje nie tylko wystarczające oszczędności, ale także ostrożność w wypłatach i inwestycjach po przejściu na emeryturę.

Podsumowując, niedostateczne oszczędzanie na emeryturę jest powszechnym i potencjalnie dewastującym błędem. Wiele osób nie docenia, ile będą potrzebować, aby utrzymać pożądany styl życia, nie bierze pod uwagę inflacji i pomija wpływ dłuższej oczekiwanej długości życia. Kluczem do uniknięcia tej pułapki jest rozpoczęcie oszczędzania wcześnie, oszczędzanie konsekwentnie i regularne ponowne ocenianie swoich celów finansowych. Podejmując te kroki, możesz mieć pewność, że masz zasoby, których potrzebujesz, aby cieszyć się wygodną i finansowo bezpieczną emeryturą.

Brak regularnej ponownej oceny planów emerytalnych

Jednym z najważniejszych, a jednocześnie często pomijanych aspektów skutecznego planowania emerytalnego jest konieczność regularnej ponownej oceny i aktualizacji strategii emerytalnej. Wiele osób wprowadza swoje plany emerytalne w życie na podstawie bieżących okoliczności i założeń dotyczących przyszłości, ale potem nie wraca do nich i nie dostosowuje ich, gdy życie się zmienia. To niedopatrzenie może prowadzić do poważnych wyzwań finansowych i potencjalnie zniweczyć cele emerytalne.

Podstawowym powodem braku ponownej oceny planów emerytalnych jest założenie, że po ustaleniu planu nie wymaga on dalszych zmian. Chociaż prawdą jest, że posiadanie przemyślanego planu jest niezbędne, równie ważne jest rozpoznanie, że życie jest dynamiczne i ciągle się zmienia. Okoliczności osobiste, warunki ekonomiczne i rynki finansowe mogą się nieoczekiwanie zmieniać, a plan emerytalny, który nie jest dostosowany do tych zmian, może stać się nieaktualny lub nieodpowiedni.

Jednym z powszechnych scenariuszy, który wymaga ponownej oceny, jest zmiana okoliczności osobistych. Wydarzenia życiowe, takie jak małżeństwo, rozwód, narodziny dzieci lub śmierć współmałżonka, mogą znacząco wpłynąć na Twoją sytuację finansową i plany emerytalne. Na przykład narodziny dziecka mogą zwiększyć Twoje obowiązki finansowe i zmienić Twoje priorytety, wymagając dostosowania strategii oszczędzania na emeryturę. Podobnie rozwód może wpłynąć na Twoje zasoby finansowe i wymagać ponownej oceny Twoich celów emerytalnych. Brak dostosowania planu w odpowiedzi na te zmiany może prowadzić do niewystarczających oszczędności lub niezgodnych celów.

Innym istotnym czynnikiem, który należy wziąć pod uwagę, są zmiany w dochodach lub zatrudnieniu. Awans w karierze, utrata pracy lub zmiany statusu zatrudnienia mogą wpłynąć na Twoją zdolność do oszczędzania i inwestowania na emeryturę. Jeśli otrzymasz podwyżkę, może to być okazja do zwiększenia oszczędności emerytalnych. Z drugiej strony utrata pracy lub zmniejszenie dochodów może wymagać dostosowania strategii oszczędzania, aby mieć pewność, że nadal będziesz w stanie osiągnąć swoje cele emerytalne. Regularne przeglądanie planu emerytalnego pozwala na dokonywanie niezbędnych korekt w oparciu o zmiany w dochodach lub statusie zatrudnienia.

Warunki ekonomiczne i rynki finansowe również odgrywają znaczącą rolę w planowaniu emerytury. Wahania stóp procentowych, stóp inflacji i zwrotów z inwestycji mogą mieć wpływ na oszczędności i inwestycje emerytalne. Na przykład, przedłużające się okresy niskich stóp procentowych mogą mieć wpływ na wzrost oszczędności, jeśli w dużym stopniu polegasz na rachunkach oprocentowanych. Podobnie, znaczne spadki na rynku mogą mieć wpływ na wartość Twoich inwestycji, potencjalnie wymagając ponownej oceny Twojej strategii inwestycyjnej i alokacji aktywów. Regularne przeglądanie planu pomaga Ci być na bieżąco z tymi zmianami i wprowadzać zmiany w celu zabezpieczenia Twojej przyszłości finansowej.

Inflacja to kolejny czynnik, który może z czasem osłabić Twoją siłę nabywczą, co sprawia, że okresowa ponowna ocena planu emerytalnego staje się koniecznością. Nawet jeśli Twoje początkowe cele oszczędnościowe były wystarczające, inflacja może zwiększyć koszty utrzymania i zmniejszyć wartość Twoich pieniędzy. Regularnie przeglądając swój plan i dostosowując cele oszczędnościowe do inflacji, możesz pomóc zapewnić, że Twój dochód emerytalny pozostanie wystarczający, aby pokryć Twoje wydatki.

Koszty opieki zdrowotnej są również krytycznym czynnikiem, który może się zmieniać w czasie. Wraz z wiekiem Twoje potrzeby w zakresie opieki zdrowotnej i związane z nimi wydatki prawdopodobnie wzrosną. Jeśli Twój plan emerytalny nie uwzględnia rosnących kosztów opieki zdrowotnej lub zmian w stanie zdrowia, możesz nie być przygotowany na radzenie sobie z tymi wydatkami. Regularna ponowna ocena planu emerytalnego pozwala Ci dostosować strategie oszczędzania i inwestowania, aby sprostać przewidywanym kosztom opieki zdrowotnej i chronić swoje dobre samopoczucie finansowe.

Przepisy i regulacje podatkowe mogą się również zmieniać, wpływając na planowanie emerytury. Zmiany w polityce podatkowej lub zmiany w Twojej sytuacji podatkowej mogą mieć wpływ na Twoje oszczędności emerytalne i wypłaty. Na przykład zmiany stawek podatkowych lub przepisów dotyczących kont emerytalnych mogą mieć wpływ na Twoją strategię wypłacania środków lub zarządzania inwestycjami. Pozostawanie na bieżąco ze zmianami podatkowymi i uwzględnianie ich w Twoim planie emerytalnym zapewnia, że podejmujesz najbardziej efektywne podatkowo decyzje dotyczące Twoich oszczędności emerytalnych.

Ponadto zmiany w celach emerytalnych lub preferencjach dotyczących stylu życia mogą wymagać dostosowania planu emerytalnego. Zbliżając się do emerytury, możesz ponownie ocenić swój pożądany styl życia i aktywności, takie jak podróżowanie, przeprowadzka lub poszukiwanie nowych hobby. Zmiany te mogą mieć wpływ na Twoje potrzeby finansowe i wymagać dostosowania planu oszczędnościowego, aby zapewnić Ci osiągnięcie wymarzonego stylu życia na emeryturze.

Aby skutecznie ocenić ponownie swój plan emerytalny, ważne jest ustalenie rutyny regularnych przeglądów. Może to być coroczna lub zawsze, gdy wystąpią ważne wydarzenia życiowe lub zmiany finansowe. Podczas tych przeglądów oceń swoją obecną sytuację finansową, oceń postępy w realizacji celów emerytalnych i dostosuj swoją strategię w razie potrzeby. Konsultacje z doradcą finansowym mogą dostarczyć cennych spostrzeżeń i pomóc w podejmowaniu świadomych decyzji o dostosowaniu planu.

Podsumowując, brak regularnej ponownej oceny planów emerytalnych może prowadzić do trudności finansowych i utraconych szans. Zmiany w życiu, warunki ekonomiczne, inflacja, koszty opieki zdrowotnej i przepisy podatkowe — wszystkie te czynniki mogą mieć wpływ na strategię emerytalną. Regularne przeglądanie i aktualizowanie planu emerytalnego pozwala upewnić się, że pozostaje on zgodny z celami, dostosowuje się do zmieniających się okoliczności i skutecznie radzi sobie z pojawiającymi się wyzwaniami. To proaktywne podejście pomoże Ci utrzymać bezpieczeństwo finansowe i osiągnąć wygodną i satysfakcjonującą emeryturę.

Zbyt wczesne wypłacanie oszczędności

Wypłacanie oszczędności emerytalnych zbyt wcześnie jest poważnym błędem, który może zagrozić Twojemu długoterminowemu bezpieczeństwu finansowemu i zakłócić Twoje plany emerytalne. Ten błąd często wynika z braku zrozumienia wpływu wczesnych wypłat na Twoją ogólną strategię emerytalną lub z natychmiastowych nacisków finansowych, które sprawiają, że wczesny dostęp do środków wydaje się konieczny. Jednak konsekwencje takich wypłat mogą być dalekosiężne i szkodliwe dla Twoich celów emerytalnych.

Jednym z głównych ryzyk związanych z wypłatą oszczędności zbyt wcześnie jest wyczerpanie funduszu emerytalnego. Konta emerytalne i oszczędności są zaprojektowane tak, aby zapewnić bezpieczeństwo finansowe przez całe lata emerytalne, które mogą trwać kilka dekad. Wypłata środków przed osiągnięciem wieku emerytalnego może znacznie zmniejszyć ilość pieniędzy dostępnych dla Ciebie w późniejszym okresie życia. To wczesne wyczerpanie może prowadzić do trudności finansowych, zwłaszcza jeśli napotkasz nieoczekiwane wydatki lub będziesz musiał zmierzyć się z dłuższym okresem emerytalnym niż przewidywano.

Innym ważnym czynnikiem jest wpływ wczesnych wypłat na potencjał wzrostu oszczędności. Konta emerytalne często korzystają z odsetek składanych, gdzie odsetki uzyskane z początkowej inwestycji generują dodatkowe odsetki w czasie. Wypłacając środki wcześniej, nie tylko zmniejszasz kwotę kapitału, która generuje odsetki składane, ale także rezygnujesz z przyszłego potencjalnego wzrostu. Ten utracony wzrost może mieć efekt kumulacyjny, co oznacza, że im wcześniej dokonasz wypłaty, tym więcej stracisz potencjalnych zysków w dłuższej perspektywie. To zmniejszenie potencjału wzrostu może znacząco wpłynąć na zdolność funduszu emerytalnego do utrzymania Cię przez cały okres emerytury.

Oprócz wpływu na wzrost oszczędności, wcześniejsze wypłaty mogą mieć również negatywne konsekwencje podatkowe. W wielu krajach wypłata środków z kont emerytalnych przed osiągnięciem określonego wieku lub poza określonymi warunkami może skutkować karami lub dodatkowymi podatkami. Kary te mogą być znaczne i dodatkowo zmniejszyć kwotę pieniędzy dostępnych na emeryturę. Nawet jeśli kary nie zostaną nałożone, wcześniejsze wypłaty często wpychają Cię w wyższy przedział podatkowy, co prowadzi do większego zobowiązania podatkowego od wypłaconych środków. Zrozumienie skutków podatkowych wczesnych wypłat i odpowiednie planowanie może pomóc uniknąć nieoczekiwanych obciążeń podatkowych.

Stres finansowy lub nagłe wypadki są często głównymi czynnikami powodującymi wczesne wypłaty. Chociaż może się to wydawać wykonalnym rozwiązaniem, aby uzyskać dostęp do oszczędności w czasach trudności finansowych, takie podejście może podważyć Twoje długoterminowe bezpieczeństwo emerytalne. Przed wypłatą środków z oszczędności emerytalnych, kluczowe jest rozważenie innych opcji, takich jak fundusze awaryjne, ubezpieczenie lub alternatywne źródła dochodu. Rozwiązując problemy finansowe za pomocą tych środków, możesz zachować swoje oszczędności emerytalne i utrzymać swoje długoterminowe cele finansowe.

Innym czynnikiem jest wpływ wczesnych wypłat na Twój styl życia na emeryturze. Kiedy wypłacisz środki wcześniej, możesz musieć dostosować swoje plany emerytalne, aby uwzględnić zmniejszone oszczędności. Może to oznaczać opóźnienie przejścia na emeryturę, ograniczenie pożądanych wydatków lub aktywności lub większe poleganie na ubezpieczeniu społecznym lub innych źródłach dochodu. Wymagane dostosowania mogą wpłynąć na jakość Twojego życia na emeryturze i ograniczyć Twoją zdolność do cieszenia się emeryturą, którą sobie wyobrażałeś.

Aby uniknąć pułapek związanych z wczesnymi wypłatami, niezbędne jest posiadanie dobrze ustrukturyzowanej strategii oszczędzania na emeryturę, która obejmuje fundusz awaryjny i jasne zrozumienie długoterminowych potrzeb finansowych. Stworzenie funduszu awaryjnego może zapewnić sieć bezpieczeństwa na wypadek nieprzewidzianych wydatków, zmniejszając potrzebę przedwczesnego sięgania po oszczędności emerytalne. Ponadto stworzenie kompleksowego planu finansowego uwzględniającego potencjalne zmiany w życiu i sytuacje awaryjne może pomóc w skuteczniejszym zarządzaniu oszczędnościami i uniknięciu wczesnych wypłat.

Jeśli znajdziesz się w sytuacji, w której wczesna wypłata wydaje się nieunikniona, wskazane jest skonsultowanie się z doradcą finansowym. Doradca może pomóc Ci ocenić potencjalny wpływ na Twoje oszczędności emerytalne, zbadać alternatywne rozwiązania i podjąć świadome decyzje dotyczące dostępu do środków. Może również udzielić wskazówek, jak zminimalizować negatywne skutki wczesnych wypłat i dostosować plan emerytalny, aby uwzględnić wszelkie niezbędne zmiany.

Podsumowując, zbyt wczesne wypłacenie oszczędności emerytalnych może mieć poważne konsekwencje dla Twojego długoterminowego bezpieczeństwa finansowego. Wpływ na wzrost Twoich oszczędności, potencjalne implikacje podatkowe i konieczność dostosowania stylu życia na emeryturze mogą podważyć Twoją zdolność do osiągnięcia komfortowej emerytury. Rozumiejąc ryzyko związane z wczesnymi wypłatami, badając alternatywne rozwiązania problemów finansowych i utrzymując dobrze ustrukturyzowaną strategię oszczędzania na emeryturę, możesz zabezpieczyć swoje fundusze emerytalne i zapewnić sobie bezpieczniejszą i bardziej satysfakcjonującą emeryturę.

Brak funduszu awaryjnego

Zaniedbanie utrzymywania funduszu awaryjnego jest poważnym niedopatrzeniem w planowaniu emerytalnym, które może mieć poważne konsekwencje dla Twojej stabilności finansowej. Fundusz awaryjny jest kluczowym elementem kompleksowej strategii finansowej, zaprojektowanym w celu zapewnienia siatki bezpieczeństwa na wypadek nieoczekiwanych wydatków lub sytuacji kryzysowych, które mogą się pojawić. Bez odpowiedniego funduszu awaryjnego możesz znaleźć się w sytuacji, w której będziesz zmuszony skorzystać z oszczędności emerytalnych, co może podważyć Twoje długoterminowe bezpieczeństwo finansowe i zakłócić Twoje plany emerytalne.

Fundusz awaryjny służy jako bufor na wypadek nieprzewidzianych problemów finansowych, takich jak nieoczekiwane wydatki medyczne, pilne naprawy domu lub nagła utrata pracy. Tego typu sytuacje awaryjne mogą wystąpić w dowolnym momencie i często wymagają natychmiastowego dostępu do środków. Bez dedykowanego funduszu awaryjnego możesz mieć ochotę wycofać oszczędności emerytalne lub zaciągnąć dług o wysokim oprocentowaniu, aby pokryć te koszty. Obie opcje mogą mieć szkodliwy wpływ na planowanie emerytury i dobrobyt finansowy.

Jednym z głównych zagrożeń związanych z brakiem funduszu awaryjnego jest potencjalna konieczność przedwczesnego wykorzystania oszczędności emerytalnych. Konta emerytalne mają na celu zapewnienie długoterminowego bezpieczeństwa finansowego i zazwyczaj nie są łatwo dostępne bez kar lub konsekwencji podatkowych. Wykorzystując fundusze emerytalne w celu rozwiązania sytuacji awaryjnych, nie tylko wyczerpujesz swoje oszczędności, ale także narażasz potencjał wzrostu swoich inwestycji. Ta wczesna wypłata może znacznie zmniejszyć kwotę pieniędzy dostępną na lata emerytalne i może prowadzić do trudności finansowych w późniejszym życiu.

Oprócz wyczerpania oszczędności emerytalnych, brak funduszu awaryjnego może prowadzić do zwiększonego stresu finansowego i niestabilności. Bez siatki bezpieczeństwa możesz odczuwać większą presję, aby podejmować pochopne decyzje finansowe, takie jak zaciąganie pożyczek o wysokim oprocentowaniu lub sprzedaż inwestycji w nieodpowiednim momencie. Ten stres może wpłynąć na Twoje ogólne zdrowie finansowe i utrudnić osiągnięcie celów emerytalnych.

Inną kluczową kwestią jest to, że sytuacje awaryjne często wymagają natychmiastowego działania, a dostęp do łatwo dostępnych funduszy jest niezbędny. Jeśli nie masz funduszu awaryjnego, możesz musieć szybko znaleźć fundusze, co potencjalnie może prowadzić do złych decyzji finansowych lub opóźnień w rozwiązywaniu pilnych problemów. Fundusz awaryjny zapewnia płynność finansową, aby poradzić sobie z nieoczekiwanymi wydatkami bez zakłócania planu finansowego.

Tworzenie i utrzymywanie funduszu awaryjnego jest szczególnie ważne dla emerytów, ponieważ mogą oni stawić czoła zwiększonemu ryzyku finansowemu z powodu problemów związanych z wiekiem i stałych dochodów. Nagłe wypadki związane z opieką zdrowotną, nieoczekiwane naprawy domu lub inne pilne potrzeby mogą pojawiać się częściej wraz z wiekiem. Posiadanie funduszu awaryjnego pozwala zaspokoić te potrzeby bez wpływu na oszczędności emerytalne lub styl życia.

Aby utworzyć solidny fundusz awaryjny, rozważ odłożenie części dochodu specjalnie na ten cel. Eksperci finansowi zazwyczaj zalecają przechowywanie kwoty odpowiadającej trzem do sześciu miesięcznym wydatkom na utrzymanie na łatwo dostępnym koncie, takim jak konto oszczędnościowe lub fundusz rynku pieniężnego. Kwota ta może się różnić w zależności od Twojej sytuacji osobistej i pożądanego poziomu bezpieczeństwa finansowego. W przypadku emerytów rozsądne może być przechowywanie większej rezerwy na wypadek potencjalnych sytuacji awaryjnych i wahań dochodów.

Tworzenie i utrzymywanie funduszu awaryjnego wymaga dyscypliny i planowania. Zacznij od oceny swojej obecnej sytuacji finansowej i ustalenia, ile musisz zaoszczędzić. Regularnie odkładaj część swoich dochodów, aby stopniowo budować fundusz awaryjny. Automatyzacja wpłat może sprawić, że proces ten będzie bardziej zarządzalny i zapewnić, że będziesz stale dokładać do swojego funduszu.

Oprócz tworzenia funduszu awaryjnego, ważne jest, aby regularnie przeglądać i dostosowywać kwotę, którą zaoszczędziłeś. W miarę zmiany sytuacji finansowej lub wydatków, możesz potrzebować zwiększyć lub dostosować fundusz awaryjny, aby utrzymać odpowiednie pokrycie. Regularne ponowne ocenianie funduszu zapewnia, że jesteś przygotowany na wszelkie nieprzewidziane okoliczności i że Twoja finansowa sieć bezpieczeństwa pozostaje skuteczna.

Podsumowując, brak funduszu awaryjnego to poważne niedopatrzenie w planowaniu emerytalnym, które może zagrozić Twojej stabilności finansowej i długoterminowym celom. Fundusz awaryjny zapewnia kluczowy bufor na wypadek nieoczekiwanych wydatków i pomaga zapobiegać konieczności przedwczesnego sięgania po oszczędności emerytalne. Tworząc i utrzymując fundusz awaryjny, możesz zabezpieczyć swoje bezpieczeństwo finansowe, zmniejszyć stres i upewnić się, że jesteś przygotowany na nieprzewidziane wyzwania bez narażania swoich planów emerytalnych.

Zaniedbanie kwestii długowieczności

Zaniedbanie uwzględnienia długości życia jest krytycznym niedopatrzeniem w planowaniu emerytalnym, które może mieć poważne konsekwencje dla Twojego długoterminowego bezpieczeństwa finansowego. Wraz ze wzrostem średniej długości życia na całym świecie, możliwość dożycia 80. lub 90. roku życia staje się coraz bardziej powszechna. Nieplanowanie dłuższego niż oczekiwano okresu życia może skutkować przeżyciem oszczędności, co prowadzi do niestabilności finansowej i obniżenia jakości życia w późniejszych latach.

Jednym z głównych ryzyk związanych z nieuwzględnianiem długowieczności jest potencjalne wyczerpanie funduszy emerytalnych. Wiele osób planuje swoje oszczędności emerytalne w oparciu o średnią długość życia, zakładając, że będą potrzebować funduszy na określoną liczbę lat. Jednak jeśli żyjesz dłużej niż przewidywano, możesz wyczerpać swoje oszczędności przed końcem życia. Może to skutkować trudnościami finansowymi, zmuszając Cię do obniżenia standardu życia, poszukiwania dodatkowych źródeł dochodu lub polegania na wsparciu członków rodziny.

Ryzyko długowieczności jest szczególnie duże w przypadku emerytów, którzy nie mają zagwarantowanych źródeł dochodu, takich jak emerytury lub renty. Bez tych źródeł dochód emerytalny zależy od długowieczności oszczędności i inwestycji. Jeśli Twoje fundusze się wyczerpią, możesz mieć problemy z pokryciem podstawowych wydatków, takich jak mieszkanie, opieka zdrowotna i codzienne koszty utrzymania. Właściwe planowanie jest niezbędne, aby zapewnić, że Twoje oszczędności wystarczą na całą emeryturę, niezależnie od tego, jak długo będziesz żyć.

Innym czynnikiem, który należy wziąć pod uwagę, jest wpływ inflacji na oszczędności emerytalne. Z czasem inflacja osłabia siłę nabywczą Twoich pieniędzy, co oznacza, że koszty utrzymania rosną, nawet gdy Twoje oszczędności pozostają takie same. Jeśli nie planujesz długowieczności, możesz nie uwzględnić złożonych efektów inflacji na Twoje długoterminowe wydatki. W rezultacie Twoje oszczędności mogą nie wystarczyć na tak duże wydatki, jak się spodziewałeś, co jeszcze bardziej zwiększa ryzyko wyczerpania pieniędzy.

Koszty opieki zdrowotnej odgrywają również znaczącą rolę w planowaniu długowieczności. Wraz z wiekiem Twoje potrzeby i wydatki na opiekę zdrowotną prawdopodobnie wzrosną. Bez uwzględnienia długowieczności możesz niedoszacować potencjalnych kosztów opieki zdrowotnej, które mogą pojawić się w późniejszych latach. Koszty te mogą być znaczne, w tym wydatki na leki, zabiegi i długoterminową opiekę. Nieplanowanie tych potencjalnych kosztów może nadwyrężyć Twoje finanse i obniżyć jakość życia.

Aby poradzić sobie z ryzykiem przeżycia oszczędności, ważne jest, aby włączyć do planu emerytalnego strategie uwzględniające długowieczność. Jednym ze sposobów jest przyjęcie konserwatywnej strategii oszczędzania, która polega na oszczędzaniu więcej, niż początkowo mogłoby się wydawać konieczne. Przeceniając swoje potrzeby i oszczędzając odpowiednio, możesz stworzyć większą poduszkę finansową, która zapewni większe bezpieczeństwo w przypadku dłuższej niż oczekiwano emerytury.

Inną strategią jest dywersyfikacja źródeł dochodu, aby uwzględnić opcje zapewniające gwarantowany lub stabilny dochód przez cały okres emerytury. Na przykład renty mogą oferować przewidywalny strumień dochodu przez określony okres lub przez resztę życia, pomagając złagodzić ryzyko przeżycia oszczędności. Podobnie dywersyfikacja inwestycji, aby uwzględnić aktywa generujące dochód, takie jak akcje wypłacające dywidendę lub nieruchomości na wynajem, może zapewnić dodatkowe źródła dochodu.

Regularne przeglądanie i dostosowywanie planu emerytalnego jest również kluczowe dla rozwiązania problemu ryzyka długowieczności. Gdy zbliżasz się do emerytury i przechodzisz przez lata emerytalne, ważne jest, aby ponownie ocenić swoją sytuację finansową, zaktualizować prognozy i dostosować strategię w razie potrzeby. Ta ciągła ocena pomaga upewnić się, że Twój plan emerytalny pozostaje zgodny z Twoimi zmieniającymi się potrzebami i okolicznościami.

Planowanie długowieczności obejmuje również rozważenie potencjalnych zmian w stylu życia i wydatkach w czasie. Wraz z wiekiem wzorce wydatków mogą się zmieniać, a potrzeby mogą ewoluować. Ważne jest, aby uwzględnić te zmiany w planie emerytalnym i odpowiednio dostosować strategie oszczędzania i inwestowania. Na przykład możesz potrzebować zaplanować wyższe koszty opieki zdrowotnej, potencjalne modyfikacje domu lub zmiany w podróżach i zajęciach rekreacyjnych.

Na koniec, skorzystanie z profesjonalnej porady finansowej może być korzystne w przypadku ryzyka związanego z długowiecznością. Doradca finansowy może pomóc Ci opracować kompleksowy plan emerytalny, który uwzględnia Twoją oczekiwaną długość życia, inflację, koszty opieki zdrowotnej i inne czynniki. Mogą oni udzielić wskazówek, jak ustrukturyzować Twoje inwestycje, zoptymalizować źródła dochodu i dostosować Twój plan, aby zapewnić Ci wystarczające zasoby na dłuższą emeryturę.

Podsumowując, zaniedbanie uwzględnienia długowieczności jest poważnym błędem w planowaniu emerytury, który może prowadzić do trudności finansowych i obniżenia jakości życia. Rozpoznając ryzyko związane z dłuższym życiem niż oczekiwano i włączając strategie łagodzenia tych ryzyk, możesz lepiej przygotować się na bezpieczną i wygodną emeryturę. Przyjęcie konserwatywnego podejścia do oszczędzania, dywersyfikacja źródeł dochodu, regularne przeglądanie planu i zasięganie profesjonalnej porady to niezbędne kroki w radzeniu sobie z ryzykiem długowieczności i zapewnieniu, że oszczędności emerytalne wystarczą na całe życie.

Błędne obliczenie wieku emerytalnego

Błędne obliczenie wieku emerytalnego to poważny błąd, który może mieć głębokie konsekwencje dla Twojej stabilności finansowej i ogólnego planowania emerytalnego. Wybrany wiek emerytalny może mieć wpływ na to, ile musisz oszczędzać, na czas wypłat i na Twoją zdolność do cieszenia się wyobrażonym stylem życia na emeryturze. Błędne obliczenie może prowadzić do obciążeń finansowych, nieoczekiwanych zmian w Twoich planach, a nawet konieczności dłuższej pracy niż przewidywano.

Jednym z głównych ryzyk związanych z błędnym obliczeniem wieku emerytalnego jest potencjalny niedobór oszczędności. Jeśli planujesz przejść na emeryturę wcześniej, niż możesz sobie pozwolić, możesz znaleźć się w sytuacji, w której nie będziesz mieć wystarczających środków na pokrycie kosztów utrzymania przez cały okres trwania emerytury. Niedobór ten może wynikać z różnych czynników, takich jak niedoszacowanie długości swojego życia, błędna ocena przyszłych wydatków lub nieuwzględnienie wpływu inflacji i kosztów opieki zdrowotnej. Bez odpowiednich oszczędności możesz być zmuszony do obniżenia standardu życia, opóźnienia przejścia na emeryturę lub poszukiwania dodatkowych źródeł dochodu.

Z drugiej strony, opóźnienie przejścia na emeryturę może również stanowić wyzwanie. Podczas gdy dłuższa praca może zapewnić dodatkowy dochód i dać więcej czasu na oszczędzanie, może również mieć wpływ na styl życia i samopoczucie. Decyzja o pracy po planowanym wieku emerytalnym może być podyktowana koniecznością finansową, ale może również wpłynąć na jakość życia, zdrowie i cele osobiste. Błędne obliczenie wieku emerytalnego i znalezienie się w sytuacji, w której nie można przejść na emeryturę zgodnie z planem, może prowadzić do stresu i frustracji, co wpłynie na ogólne doświadczenie emerytalne.

Dokładna ocena wieku emerytalnego wymaga gruntownego zrozumienia Twojej sytuacji finansowej, celów dotyczących stylu życia i kwestii zdrowotnych. Wiele osób opiera swój wiek emerytalny na ogólnych założeniach lub czynnikach zewnętrznych, takich jak kwalifikowalność do świadczeń rządowych lub planów emerytalnych, bez pełnego uwzględnienia ich unikalnych okoliczności. Takie podejście może prowadzić do błędnych obliczeń, jeśli Twoje rzeczywiste potrzeby i zasoby różnią się od tych założeń.

Aby uniknąć błędnego obliczenia wieku emerytalnego, konieczne jest kompleksowe podejście do planowania emerytury. Zacznij od oceny swojej obecnej sytuacji finansowej, w tym oszczędności, inwestycji, źródeł dochodu i wydatków. Weź pod uwagę takie czynniki, jak pożądany styl życia na emeryturze, potencjalne koszty opieki zdrowotnej oraz wszelkie zaległe długi lub zobowiązania. Ta ocena pomoże Ci ustalić realistyczny wiek emerytalny, który będzie zgodny z Twoimi celami i potrzebami finansowymi.

Ważne jest również uwzględnienie oczekiwanej długości życia podczas planowania wieku emerytalnego. Chociaż trudno przewidzieć, jak długo będziesz żyć, wykorzystanie danych o średniej długości życia i uwzględnienie historii Twojego zdrowia może zapewnić dokładniejszy szacunek. Planowanie dłuższej emerytury zapewnia, że będziesz mieć wystarczające środki na pokrycie wydatków w późniejszych latach.

Wprowadzenie elastyczności do planu emerytalnego może pomóc w rozwiązaniu potencjalnych błędnych obliczeń. Zamiast ustalać stały wiek emerytalny, rozważ opracowanie zakresu wieku emerytalnego lub scenariuszy opartych na różnych wynikach finansowych. Ta elastyczność pozwala dostosować plany, jeśli zmienią się okoliczności, takie jak nieoczekiwane problemy zdrowotne lub zmiany w sytuacji finansowej. Posiadanie alternatywnych planów może pomóc w zarządzaniu niepewnością planowania emerytalnego i zmniejszeniu ryzyka trudności finansowych.

Regularne przeglądanie i dostosowywanie planu emerytalnego to kolejna kluczowa strategia unikania błędnych obliczeń. Gdy zbliżasz się do emerytury, oceń swoje postępy w osiąganiu celów finansowych i wprowadź wszelkie niezbędne zmiany w swoich oszczędnościach, inwestycjach lub wieku emerytalnym. Okresowe przeglądy pomagają upewnić się, że Twój plan pozostaje zgodny z Twoimi zmieniającymi się potrzebami i okolicznościami, umożliwiając Ci podejmowanie świadomych decyzji dotyczących emerytury.

Poszukiwanie profesjonalnej porady finansowej może być również korzystne w radzeniu sobie ze złożonością planowania emerytalnego. Doradca finansowy może pomóc Ci opracować kompleksowy plan emerytalny, który uwzględnia Twoje konkretne cele, zasoby i ryzyko. Mogą oni udzielić wskazówek dotyczących optymalizacji oszczędności, zarządzania inwestycjami i określania odpowiedniego wieku emerytalnego w oparciu o Twoją indywidualną sytuację.

Podsumowując, błędne obliczenie wieku emerytalnego może mieć znaczące konsekwencje dla stabilności finansowej i doświadczenia emerytalnego. Dokładna ocena sytuacji finansowej, uwzględnienie oczekiwanej długości życia, włączenie elastyczności do planu i zasięgnięcie profesjonalnej porady pozwoli uniknąć ryzyka związanego z błędnymi obliczeniami i zapewnić sobie bezpieczniejszą i przyjemniejszą emeryturę. Dokładne planowanie i regularne korekty pomogą Ci osiągnąć cele emerytalne i cieszyć się stylem życia, jaki sobie wyobrażasz na późniejsze lata.

Pomijanie planów emerytalnych pracodawcy

Pominięcie planów emerytalnych pracodawcy jest krytycznym niedopatrzeniem w planowaniu emerytalnym, które może skutkować utraconymi możliwościami zbudowania bezpieczniejszej przyszłości finansowej. Wiele osób nie wykorzystuje w pełni sponsorowanych przez pracodawcę planów emerytalnych, takich jak pracownicze programy emerytalne lub zdefiniowane plany składkowe, z powodu braku świadomości lub niezrozumienia ich korzyści. To niedopatrzenie może prowadzić do suboptymalnych oszczędności emerytalnych i utraconych korzyści, jakie oferują te plany.

Plany emerytalne pracodawcy często wiążą się z kilkoma kluczowymi korzyściami, które mogą znacznie zwiększyć Twoje oszczędności emerytalne. Jedną z najważniejszych korzyści jest potencjał składek pracodawcy. Wielu pracodawców oferuje dopasowane składki, w ramach których dopasowują część składek pracownika do planu emerytalnego do określonego limitu. Ta dopasowana składka to w zasadzie darmowe pieniądze, które mogą znacznie zwiększyć kwotę, którą oszczędzasz na emeryturę. Nie uczestnicząc w pełni lub wcale, tracisz te dodatkowe składki, które w przeciwnym razie mogłyby znacznie zwiększyć Twój fundusz emerytalny z czasem.

Inną zaletą planów emerytalnych pracodawcy jest potencjał korzyści podatkowych. W wielu przypadkach składki na plany emerytalne sponsorowane przez pracodawcę są dokonywane przed opodatkowaniem, co oznacza, że zmniejszają one Twój dochód podlegający opodatkowaniu w roku, w którym zostały dokonane. Może to obniżyć Twoje bieżące zobowiązanie podatkowe i pozwolić na skierowanie większej części dochodu na oszczędności emerytalne. Ponadto wzrost inwestycji w ramach tych planów jest często odraczany podatkowo, co oznacza, że nie płacisz podatku od zysków, dopóki nie wypłacisz środków w okresie emerytury. Pominięcie tej korzyści oznacza utratę potencjalnych oszczędności podatkowych i korzyści wzrostu zapewnianych przez te plany.

Plany emerytalne pracodawcy często obejmują profesjonalnie zarządzane opcje inwestycyjne, które mogą pomóc Ci zbudować zdywersyfikowany portfel. Te plany zazwyczaj oferują szereg opcji inwestycyjnych, w tym akcje, obligacje i fundusze inwestycyjne, zarządzane przez profesjonalistów, którzy mogą pomóc Ci zoptymalizować Twoją strategię inwestycyjną. Uczestnicząc w tych planach, zyskujesz dostęp do wiedzy i zasobów inwestycyjnych, które mogą być niedostępne za pośrednictwem indywidualnych kont emerytalnych lub samodzielnie zarządzanych inwestycji. Zaniedbanie korzystania z tych opcji może skutkować mniej zdywersyfikowaną strategią inwestycyjną i potencjalnie niższymi zwrotami.

Ponadto plany emerytalne pracodawcy mogą oferować funkcje takie jak automatyczne zapisywanie się i automatyczna eskalacja. Automatyczne zapisywanie się oznacza, że jesteś domyślnie zapisany do planu, gdy stajesz się uprawniony, a składki są automatycznie potrącane z Twojej wypłaty. Automatyczna eskalacja stopniowo zwiększa stawkę składek w czasie, pomagając Ci oszczędzać więcej, gdy zbliżasz się do emerytury. Funkcje te mogą uprościć proces oszczędzania i pomóc Ci stopniowo budować bardziej znaczący fundusz emerytalny. Pominięcie tych funkcji oznacza utratę wygodnych sposobów na zwiększenie oszczędności.

Ważne jest również rozważenie długoterminowego wpływu nieuczestniczenia w planach emerytalnych pracodawcy. Brak składek pracodawcy i ulg podatkowych może skutkować mniejszym funduszem emerytalnym, co wymaga od Ciebie oszczędzania większych kwot z własnych zasobów lub dłuższej pracy, aby osiągnąć cele emerytalne. Może to wpłynąć na jakość Twojego życia na emeryturze i ograniczyć Twoją możliwość cieszenia się stylem życia, jaki sobie wyobrażasz.

Aby mieć pewność, że w pełni skorzystasz z planu emerytalnego swojego pracodawcy, zacznij od zrozumienia szczegółów planu oferowanego przez pracodawcę. Przejrzyj dokumenty planu, w tym limity składek, polityki dopasowania i opcje inwestycyjne. Upewnij się, że jesteś świadomy wszelkich terminów zapisów lub zmian w swoich składkach.

Jeśli Twój pracodawca oferuje dopasowywanie składek, staraj się wpłacać przynajmniej tyle, aby otrzymać pełne dopasowanie. Maksymalizuje to korzyści, jakie otrzymujesz z planu i w pełni wykorzystuje dodatkowe oszczędności zapewniane przez Twojego pracodawcę. Regularnie przeglądaj i dostosowuj swoje składki w razie potrzeby, zwłaszcza jeśli otrzymujesz podwyżki lub zmiany w swojej sytuacji finansowej.

Rozważ zasięgnięcie porady u doradcy finansowego, aby pomóc Ci w pełni wykorzystać plan emerytalny Twojego pracodawcy. Doradca może pomóc Ci zrozumieć cechy planu, zoptymalizować strategię inwestycyjną i zintegrować ją z Twoim ogólnym planem emerytalnym. Może również pomóc Ci podejmować świadome decyzje dotyczące zwiększania składek, zarządzania inwestycjami i planowania celów emerytalnych.

Podsumowując, pomijanie planów emerytalnych pracodawcy może prowadzić do utraty okazji do zwiększenia oszczędności emerytalnych i zabezpieczenia swojej przyszłości finansowej. Poprzez pełne uczestnictwo w tych planach, korzystanie ze składek pracodawcy i ulg podatkowych oraz wykorzystanie dostępnych opcji inwestycyjnych, możesz zbudować solidniejszy fundusz emerytalny. Zrozumienie cech planu pracodawcy, ustalenie odpowiednich poziomów składek i zasięgnięcie profesjonalnej porady może pomóc Ci zmaksymalizować korzyści z planów emerytalnych sponsorowanych przez pracodawcę i osiągnąć bezpieczniejszą i wygodniejszą emeryturę.

Nie szukam profesjonalnej porady finansowej

Zaniedbanie zasięgnięcia profesjonalnej porady finansowej jest częstym błędem w planowaniu emerytalnym, który może prowadzić do suboptymalnych wyników finansowych i utraconych okazji. Planowanie finansowe to złożona dziedzina, obejmująca strategie inwestycyjne, kwestie podatkowe, planowanie majątkowe i różne inne czynniki, które mogą znacząco wpłynąć na bezpieczeństwo emerytalne. Nie konsultując się z doradcą finansowym, możesz przeoczyć kluczowe aspekty swojej strategii finansowej, co prowadzi do potencjalnych ryzyk i nieefektywności.

Jedną z głównych korzyści z poszukiwania profesjonalnej porady finansowej jest wiedza, jaką doradcy finansowi wnoszą do planowania emerytalnego. Doradcy są szkoleni, aby rozumieć zawiłości rynków finansowych, produktów inwestycyjnych, przepisów podatkowych i strategii emerytalnych. Mogą zapewnić cenne spostrzeżenia i zalecenia oparte na swojej wiedzy i doświadczeniu, pomagając Ci podejmować złożone decyzje i opracować kompleksowy plan emerytalny, który będzie zgodny z Twoimi celami i okolicznościami.

Profesjonalni doradcy mogą pomóc Ci stworzyć spersonalizowany plan emerytalny, który odpowiada Twoim konkretnym potrzebom, w tym określić optymalną stopę oszczędności, strategię inwestycyjną i plan wypłat. Mogą pomóc w ustaleniu realistycznych celów emerytalnych, oszacowaniu przyszłych wydatków i prognozowaniu wpływu różnych scenariuszy na Twoje bezpieczeństwo finansowe. Bez tych wskazówek możesz podejmować decyzje w oparciu o niekompletne informacje lub nieaktualne założenia, co potencjalnie narazi Twoją gotowość emerytalną.

Kolejną zaletą szukania profesjonalnej porady jest możliwość otrzymania obiektywnych, bezstronnych rekomendacji. Doradcy finansowi są zazwyczaj powiernikami, co oznacza, że są prawnie zobowiązani do działania w Twoim najlepszym interesie. Ta obiektywna perspektywa może być szczególnie cenna przy ocenie opcji inwestycyjnych, wyborze kont emerytalnych lub podejmowaniu decyzji o alokacji aktywów. Doradcy mogą pomóc Ci uniknąć konfliktów interesów i upewnić się, że Twoje decyzje finansowe są zgodne z Twoimi długoterminowymi celami.

Planowanie podatkowe to kolejny krytyczny obszar, w którym profesjonalna porada może mieć znaczący wpływ. Doradcy finansowi mogą pomóc Ci poruszać się po zawiłościach przepisów podatkowych i identyfikować strategie minimalizujące Twoje zobowiązania podatkowe. Mogą oni zapewnić wskazówki dotyczące efektywnych podatkowo opcji inwestycyjnych, strategii wypłat i wpływu podatków na dochód emerytalny. Prawidłowe planowanie podatkowe może zwiększyć Twoją ogólną wydajność finansową i pomóc Ci zatrzymać więcej oszczędności emerytalnych.

Planowanie majątku to kolejny ważny aspekt przygotowania do emerytury, który korzysta z profesjonalnej porady. Doradcy mogą pomóc w stworzeniu planu majątkowego, który uwzględnia Twoje życzenia dotyczące podziału aktywów, minimalizuje podatki od spadków i zapewnia, że Twoi beneficjenci są objęci opieką zgodnie z Twoimi preferencjami. Bez odpowiedniego planowania majątku ryzykujesz pozostawieniem nierozwiązanych problemów, które mogą prowadzić do komplikacji prawnych lub niezamierzonych skutków dla Twoich spadkobierców.

Ponadto doradcy finansowi mogą zaoferować wsparcie w zarządzaniu zmiennością rynku i dostosowywaniu strategii inwestycyjnej do zmieniających się warunków gospodarczych. Mogą pomóc Ci zachować zdyscyplinowane podejście do inwestowania, unikać podejmowania decyzji pod wpływem emocji i pozostać skupionym na długoterminowych celach. To stałe wsparcie może być kluczowe w nawigacji po okresach niepewności rynkowej i zapewnieniu, że Twój plan emerytalny pozostaje na właściwej drodze.

Nieskorzystanie z profesjonalnej porady finansowej może również prowadzić do utraty okazji do optymalizacji strategii emerytalnej. Doradcy mogą pomóc Ci zidentyfikować i wykorzystać okazje inwestycyjne, świadczenia rządowe i produkty finansowe, o których możesz nie wiedzieć. Mogą również pomóc w podejmowaniu świadomych decyzji dotyczących ubezpieczeń, kont emerytalnych i innych kwestii finansowych, które mają wpływ na Twoją gotowość emerytalną.

Aby w pełni skorzystać z profesjonalnej porady finansowej, zacznij od wybrania wykwalifikowanego i renomowanego doradcy. Poszukaj doradców z odpowiednimi certyfikatami, takimi jak Certified Financial Planners (CFP), i upewnij się, że mają doświadczenie w planowaniu emerytalnym. Przeprowadź dokładne badania, przeczytaj opinie klientów i rozważ zaplanowanie wstępnej konsultacji, aby ocenić, czy podejście doradcy jest zgodne z Twoimi potrzebami i celami.

Po wybraniu doradcy pracuj wspólnie nad opracowaniem kompleksowego planu emerytalnego. Przekaż mu szczegółowe informacje o swojej sytuacji finansowej, celach i obawach. Bądź otwarty na jego zalecenia i chętny do dostosowania swojej strategii na podstawie jego wiedzy specjalistycznej. Regularnie przeglądaj swój plan ze swoim doradcą, aby wprowadzać zmiany w razie potrzeby i bądź na bieżąco ze wszelkimi zmianami w swojej sytuacji finansowej lub celach emerytalnych.

Podsumowując, brak profesjonalnej porady finansowej to poważne niedopatrzenie, które może mieć wpływ na planowanie emerytury i bezpieczeństwo finansowe. Konsultując się z wykwalifikowanym doradcą finansowym, możesz skorzystać z jego wiedzy specjalistycznej, otrzymać obiektywne rekomendacje i zająć się złożonymi kwestiami finansowymi, takimi jak planowanie podatkowe i planowanie majątkowe. Profesjonalne porady mogą pomóc Ci opracować kompleksową strategię emerytalną, zoptymalizować inwestycje i stawić czoła wyzwaniom finansowym, ostatecznie zwiększając Twoją zdolność do osiągnięcia bezpiecznej i satysfakcjonującej emerytury.

Niezdolność do zarządzania długiem przed emeryturą

Nieskuteczne zarządzanie długiem przed emeryturą to poważny błąd, który może podważyć Twoje bezpieczeństwo finansowe i plany emerytalne. Dług, jeśli nie jest odpowiednio zarządzany, może nadwyrężyć Twoje oszczędności, ograniczyć Twoją elastyczność finansową i wpłynąć na ogólną jakość życia na emeryturze. Zajęcie się długiem i zarządzanie nim przed przejściem na emeryturę ma kluczowe znaczenie dla zapewnienia, że możesz przejść na emeryturę ze stabilnym fundamentem finansowym i jasną ścieżką do osiągnięcia celów emerytalnych.

Jednym z głównych ryzyk związanych z zadłużeniem na emeryturze jest obciążenie dochodu emerytalnego. Podczas emerytury główne źródła dochodu są zazwyczaj stałe, takie jak emerytury, oszczędności lub ubezpieczenie społeczne. Wysoki poziom zadłużenia może pochłonąć znaczną część tego dochodu, pozostawiając mniej pieniędzy na podstawowe wydatki i wydatki uznaniowe. Może to prowadzić do obniżenia jakości życia, stresu finansowego i konieczności dokonania trudnych zmian w stylu życia.

Zarządzanie długiem wpływa również na Twoją zdolność do efektywnego oszczędzania na emeryturę. Posiadanie dużych długów często wymaga znacznych miesięcznych płatności, co może ograniczyć Twoją zdolność do wpłacania na konta oszczędnościowe emerytalne lub inwestycyjne. Może to skutkować mniejszym funduszem emerytalnym i potencjalnie opóźnić Twoją zdolność do wygodnego przejścia na emeryturę. Prawidłowe zarządzanie i redukcja długu może uwolnić zasoby, które można przekierować na oszczędności, umożliwiając Ci zbudowanie bardziej solidnego funduszu emerytalnego.

Płatności odsetek od długu mogą być szczególnie uciążliwe i mieć znaczący wpływ na Twoje finanse. Wysokooprocentowane zadłużenie, takie jak saldo karty kredytowej lub pożyczki osobiste, może szybko się kumulować, zwiększając całkowitą kwotę, którą jesteś winien i zmniejszając Twoją elastyczność finansową. Im dłużej masz ten dług, tym więcej płacisz odsetek, co może jeszcze bardziej uszczuplić Twoje zasoby i wpłynąć na Twoje oszczędności emerytalne. Zmniejszenie lub wyeliminowanie wysokooprocentowanego długu przed przejściem na emeryturę może pomóc zminimalizować te koszty i poprawić Twoje ogólne zdrowie finansowe.

Skuteczne zarządzanie długiem przyczynia się również do utrzymania dobrej oceny kredytowej. Wysoka ocena kredytowa jest ważna dla zabezpieczenia korzystnych warunków pożyczek, kredytów hipotecznych i innych produktów finansowych. Wejście na emeryturę z dobrą oceną kredytową może ułatwić dostęp do kredytu w razie potrzeby, potencjalnie po korzystniejszych stawkach. Z drugiej strony, posiadanie znacznego zadłużenia i brak płatności może negatywnie wpłynąć na ocenę kredytową, utrudniając uzyskanie kredytu lub pomocy finansowej w przyszłości.

Aby skutecznie zarządzać długiem przed emeryturą, zacznij od oceny swojej obecnej sytuacji zadłużenia. Zrób listę wszystkich swoich długów, w tym sald należności, stóp procentowych i miesięcznych płatności. Zrozumienie zakresu swojego zadłużenia pomoże Ci opracować strategię spłaty i ustalić priorytety, które długi należy spłacić w pierwszej kolejności.

Rozważ skupienie się na spłacie długu o wysokim oprocentowaniu jako priorytetu. Dług o wysokim oprocentowaniu, taki jak saldo karty kredytowej, może szybko się kumulować i stawać się bardziej kosztowny z czasem. Spłacanie tych długów w pierwszej kolejności może zmniejszyć całkowitą kwotę odsetek, które płacisz i szybciej poprawić swoją sytuację finansową. Stosuj strategie takie jak metoda lawiny długów, gdzie najpierw spłacasz długi o najwyższym oprocentowaniu, lub metoda kuli śnieżnej długów, gdzie najpierw skupiasz się na spłacie najmniejszych długów, aby uzyskać poczucie spełnienia.

Tworzenie budżetu i planu finansowego może również pomóc Ci skutecznie zarządzać długiem. Budżet pozwala Ci śledzić dochody i wydatki, identyfikować obszary, w których możesz ograniczyć wydatki, i przeznaczać dodatkowe fundusze na spłatę długów. Konsekwentne przestrzeganie budżetu i dokonywanie regularnych płatności na poczet długów może przyspieszyć proces spłaty i poprawić Twoją stabilność finansową.

Jeśli uważasz, że samodzielne zarządzanie długiem jest trudne, rozważ skorzystanie z pomocy doradcy finansowego lub kredytowego. Ci specjaliści mogą pomóc Ci opracować plan zarządzania długiem, negocjować z wierzycielami i udzielić wskazówek dotyczących strategii poprawy Twojej sytuacji finansowej. Mogą również udzielić porady, jak zrównoważyć spłatę długu z oszczędzaniem na emeryturę, zapewniając, że będziesz postępować w kierunku obu celów.

Podsumowując, nieskuteczne zarządzanie długiem przed emeryturą może mieć znaczące konsekwencje dla Twojego bezpieczeństwa finansowego i jakości życia. Poprzez zajęcie się długiem i jego redukcję, priorytetyzację zobowiązań o wysokim oprocentowaniu, stworzenie budżetu i poszukiwanie profesjonalnej pomocy w razie potrzeby, możesz poprawić swoją stabilność finansową i wejść na emeryturę z mocniejszym fundamentem. Skuteczne zarządzanie długiem pozwala Ci przeznaczyć więcej zasobów na oszczędności, zmniejszyć stres finansowy i poprawić ogólne doświadczenie emerytalne.

Niezrozumienie opcji wypłaty emerytury

Niezrozumienie opcji wypłaty emerytury może znacząco wpłynąć na bezpieczeństwo emerytalne i dobrobyt finansowy. Emerytury mają na celu zapewnienie stałego strumienia dochodów na emeryturze, ale sposób, w jaki zdecydujesz się je otrzymywać, może mieć długoterminowe konsekwencje dla Twojej stabilności finansowej i jakości życia. Bez jasnego zrozumienia różnych dostępnych opcji wypłaty możesz podejmować decyzje, które mogą ograniczyć Twój dochód, zmniejszyć Twoją elastyczność lub wpłynąć na Twoją zdolność do osiągnięcia celów emerytalnych.

Gdy zbliżasz się do emerytury, plany emerytalne zazwyczaj oferują kilka opcji wypłat, każda z innymi cechami i korzyściami. Typowe opcje obejmują rentę jednorazową, rentę wspólną i rentę dla osoby pozostającej przy życiu oraz wypłatę ryczałtową. Każda opcja ma swój własny zestaw zalet i potencjalnych wad, a zrozumienie tych różnic jest kluczowe dla podjęcia świadomej decyzji.

Renta jednorazowa zapewnia gwarantowany miesięczny dochód tak długo, jak żyjesz, ale wypłaty ustają po Twojej śmierci. Ta opcja może oferować wyższe miesięczne świadczenie w porównaniu z innymi opcjami, ponieważ nie uwzględnia możliwości zapewnienia dochodu współmałżonkowi lub beneficjentowi. Jednak jeśli żyjesz dłużej niż oczekiwano, możesz przeżyć wypłaty emerytury, a Twoi spadkobiercy nie będą mieli żadnych świadczeń resztkowych. Może to być poważne ryzyko, jeśli masz rodzinną historię długowieczności lub jeśli martwisz się o zapewnienie środków utrzymania współmałżonkowi.

Opcja renty wspólnej i renty dla osoby pozostającej przy życiu zapewnia stałe płatności przez resztę Twojego życia i nadal zapewnia świadczenia wskazanemu beneficjentowi, takiemu jak małżonek, po Twojej śmierci. Ta opcja zazwyczaj skutkuje niższymi miesięcznymi płatnościami w porównaniu z rentą jednorazową, ponieważ uwzględnia możliwość wypłacania świadczeń przez dwa życia. Wybór tej opcji może zapewnić spokój ducha, wiedząc, że Twój małżonek będzie nadal otrzymywał dochód, jeśli umrzesz pierwszy. Jednak obniżone miesięczne płatności mogą nie w pełni zaspokoić Twoich potrzeb finansowych, jeśli przeżyjesz oczekiwaną długość życia.

Jednorazowa wypłata pozwala otrzymać całą wartość emerytury w jednej płatności. Ta opcja zapewnia elastyczność, ponieważ możesz wykorzystać fundusze według własnego uznania, zainwestować je lub przenieść na inne konto emerytalne. Podczas gdy jednorazowa wypłata daje Ci kontrolę nad pieniędzmi, wiąże się również z ryzykiem. Bez odpowiedniego zarządzania możesz wyczerpać swoje oszczędności zbyt szybko lub fundusze mogą nie wystarczyć na pokrycie całej emerytury. Ponadto zarządzanie dużą sumą wymaga starannego planowania i strategii inwestycyjnych, aby zapewnić, że fundusze wystarczą na całą emeryturę.

Niezrozumienie tych opcji wypłat może skutkować wyborem planu, który nie jest zgodny z Twoimi celami emerytalnymi lub potrzebami finansowymi. Na przykład, wybranie renty na całe życie, gdy masz współmałżonka, który jest zależny od Twojego dochodu, może sprawić, że Twój współmałżonek pozostanie bez odpowiedniego wsparcia finansowego po Twojej śmierci. Z drugiej strony, wybranie renty wspólnej i dla osoby pozostającej przy życiu bez uwzględnienia wpływu na Twoje bieżące potrzeby finansowe może skutkować niższymi miesięcznymi płatnościami, które nie pokrywają Twoich kosztów utrzymania.

Ważne jest, aby dokładnie ocenić swoje osobiste okoliczności, w tym stan zdrowia, sytuację rodzinną, cele finansowe i plany emerytalne, decydując się na opcję wypłaty emerytury. Weź pod uwagę takie czynniki, jak przewidywana długość życia, konieczność alimentów dla współmałżonka i komfort zarządzania jednorazową wypłatą. Ponadto zastanów się, w jaki sposób każda opcja wpisuje się w ogólną strategię emerytalną i jak wpłynie na Twoje długoterminowe bezpieczeństwo finansowe.

Poszukiwanie profesjonalnej porady finansowej może być korzystne przy podejmowaniu decyzji o opcjach wypłaty emerytury. Doradca finansowy może pomóc Ci ocenić Twoje potrzeby, porównać różne opcje wypłaty i ustalić najlepszą opcję dla Twojej konkretnej sytuacji. Mogą udzielić wskazówek, jak zintegrować dochód emerytalny z innymi oszczędnościami i inwestycjami emerytalnymi, zapewniając kompleksowy plan wspierający Twoje cele finansowe.

Podsumowując, niezrozumienie opcji wypłaty emerytury może mieć znaczące konsekwencje dla Twojego bezpieczeństwa emerytalnego i dobrobytu finansowego. Dokładna ocena dostępnych opcji, uwzględnienie Twoich osobistych okoliczności i celów emerytalnych oraz zasięgnięcie profesjonalnej porady w razie potrzeby pozwoli Ci podejmować świadome decyzje, które będą zgodne z Twoimi potrzebami i zapewnią stabilny dochód przez cały okres emerytury. Prawidłowe zarządzanie wypłatami emerytury ma kluczowe znaczenie dla zapewnienia utrzymania stabilności finansowej i osiągnięcia wygodnej i bezpiecznej emerytury.

Niewłaściwe przydzielanie inwestycji na emeryturę

Niewłaściwe przydzielanie inwestycji na emeryturę może poważnie wpłynąć na Twoją stabilność finansową i utrudnić osiągnięcie długoterminowych celów. Alokacja inwestycji obejmuje dystrybucję aktywów pomiędzy różne rodzaje inwestycji, takie jak akcje, obligacje i gotówka, w celu zrównoważenia ryzyka i zwrotu. Na emeryturze stawki są szczególnie wysokie, ponieważ polegasz na tych inwestycjach, aby sfinansować swoje wydatki na utrzymanie i utrzymać jakość życia przez potencjalnie kilka dekad. Błędy w tej dziedzinie mogą prowadzić do niewystarczającego wzrostu, nadmiernego ryzyka lub niewystarczającej płynności, z których każdy może podważyć Twoje bezpieczeństwo emerytalne.

Jednym z powszechnych błędów jest utrzymywanie zbyt agresywnej strategii inwestycyjnej. Wielu emerytów, pod wpływem pragnienia wyższych zysków, może nadal inwestować w akcje lub inne aktywa wysokiego ryzyka. Podczas gdy takie podejście może oferować znaczny potencjał wzrostu, naraża również portfel na znaczną zmienność i ryzyko znacznych strat. Jeśli nastąpią spadki na rynku, portfel zorientowany na akcje może ponieść znaczne spadki, zmniejszając oszczędności emerytalne i potencjalnie zagrażając stabilności finansowej. Niezbędne jest dostosowanie alokacji aktywów tak, aby odzwierciedlała niższą tolerancję ryzyka w miarę zbliżania się do emerytury lub wchodzenia w nią.

Z drugiej strony, nadmierna konserwatywność w inwestowaniu jest kolejną pułapką. Emeryci, którzy przenoszą cały swój portfel na inwestycje o niskim ryzyku, takie jak gotówka lub obligacje krótkoterminowe, mogą chronić się przed zmiennością rynku, ale ryzykują utratą możliwości wzrostu. Inflacja może osłabić siłę nabywczą gotówki i inwestycji o niskiej rentowności, co oznacza, że oszczędności mogą nie wzrosnąć wystarczająco, aby nadążyć za rosnącymi kosztami utrzymania. Niewystarczający wzrost może skutkować niedoborem funduszy, zwłaszcza jeśli żyjesz dłużej niż oczekiwano lub stawiasz czoła nieprzewidzianym wydatkom.

Niewłaściwa alokacja obejmuje również brak skutecznej dywersyfikacji inwestycji. Dywersyfikacja polega na rozłożeniu inwestycji na różne klasy aktywów, sektory i regiony geograficzne w celu zmniejszenia ryzyka. Zbytnie poleganie na jednym typie inwestycji, branży lub obszarze geograficznym może zwiększyć podatność na wahania rynkowe. Na przykład, jeśli Twoje inwestycje są skoncentrowane w określonym sektorze, który doświadcza recesji, całe Twoje portfolio może ucierpieć. Dobrze zdywersyfikowany portfel pomaga złagodzić ryzyko i zapewnia bardziej stabilny zwrot w czasie.

Innym problemem jest brak okresowego rebalansowania portfela. Z czasem, gdy różne inwestycje radzą sobie inaczej, pierwotna alokacja aktywów może zostać przekrzywiona. Na przykład, jeśli akcje radzą sobie dobrze, a obligacje nie, Twój portfel może stać się przeważony akcjami. Regularne rebalansowanie zapewnia, że Twój portfel pozostaje zgodny z Twoją tolerancją ryzyka i celami inwestycyjnymi. Ta praktyka polega na dostosowywaniu Twoich zasobów w celu utrzymania pożądanej alokacji aktywów, co pomaga zarządzać ryzykiem i optymalizować zwroty.

Ponadto, nieuwzględnienie wpływu wymaganych minimalnych dystrybucji (RMD) może również wpłynąć na Twoją strategię inwestycyjną. W wielu krajach emeryci są zobowiązani do rozpoczęcia wypłacania określonego procentu swoich oszczędności emerytalnych po osiągnięciu określonego wieku. Ten wymóg może wpłynąć na Twoje decyzje inwestycyjne, ponieważ musisz upewnić się, że Twój portfel ma wystarczającą płynność, aby sprostać tym wypłatom bez uszczerbku dla wzrostu. Prawidłowe planowanie obejmuje ustrukturyzowanie inwestycji w celu zapewnienia odpowiedniego przepływu środków pieniężnych przy jednoczesnym osiągnięciu wzrostu.

Aby uniknąć tych pułapek, kluczowe jest opracowanie przemyślanej strategii inwestycyjnej, która będzie zgodna z Twoimi celami emerytalnymi, tolerancją ryzyka i horyzontem czasowym. Zacznij od oceny swojej sytuacji finansowej, w tym wydatków emerytalnych, źródeł dochodu i ogólnych celów finansowych. Na podstawie tej oceny stwórz plan alokacji aktywów, który zrównoważy ryzyko i zwrot w sposób odpowiadający Twoim potrzebom. Plan ten powinien uwzględniać takie czynniki, jak oczekiwana długość życia, horyzont inwestycyjny i osobista tolerancja ryzyka.

Regularne przeglądanie i dostosowywanie strategii inwestycyjnej jest niezbędne do utrzymania stabilności finansowej w okresie emerytury. Monitoruj wyniki swojego portfela, oceniaj, czy alokacja aktywów pozostaje odpowiednia i w razie potrzeby dokonuj korekt. Okresowe przeglądy zapewniają, że Twoje inwestycje nadal są zgodne z Twoimi celami i dostosowują się do zmieniających się warunków rynkowych lub okoliczności osobistych.

Konsultacje z doradcą finansowym mogą zapewnić dodatkowe wsparcie w zarządzaniu alokacją inwestycji. Doradcy mogą zaoferować wiedzę specjalistyczną w zakresie tworzenia zróżnicowanej strategii inwestycyjnej, doboru odpowiednich aktywów i wdrażania planu rebalansowania. Mogą również pomóc w podejmowaniu złożonych decyzji związanych z planowaniem emerytalnym i zarządzaniem inwestycjami.

Podsumowując, niewłaściwa alokacja inwestycji na emeryturę może zagrozić Twojej stabilności finansowej i utrudnić osiągnięcie celów emerytalnych. Przyjmując zrównoważone podejście do ryzyka i zwrotu, dywersyfikując inwestycje, regularnie rebalansując portfel i biorąc pod uwagę takie czynniki, jak wymagane minimalne dystrybucje, możesz zwiększyć swoje bezpieczeństwo finansowe. Skuteczne zarządzanie inwestycjami jest kluczowe dla zapewnienia stabilnej i bezpiecznej emerytury, pozwalając Ci cieszyć się późniejszymi latami z pewnością siebie i spokojem ducha.

Zaniedbanie planowania świadczeń dla małżonka i osób pozostających przy życiu

Zaniedbanie planowania świadczeń dla małżonka i osoby pozostającej przy życiu może mieć poważne konsekwencje zarówno dla Ciebie, jak i Twoich bliskich na emeryturze. Świadczenia te mają na celu zapewnienie wsparcia finansowego małżonkowi lub osobie na utrzymaniu po Twojej śmierci, a brak odpowiedniego planowania może postawić Twoją rodzinę w trudnej sytuacji. Właściwe planowanie zapewnia, że Ty i Twój małżonek możecie cieszyć się bezpieczeństwem finansowym przez całą emeryturę, a Twoi bliscy będą dobrze wspierani w przypadku Twojej śmierci.

Świadczenia dla małżonka są krytycznym elementem planowania emerytalnego, szczególnie jeśli jeden z małżonków ma znacznie wyższy dochód lub oszczędności emerytalne niż drugi. W wielu planach emerytalnych i kontach emerytalnych małżonek pozostający przy życiu ma prawo do części świadczeń zmarłego. Bez odpowiedniego planowania może istnieć ryzyko, że małżonek pozostający przy życiu będzie miał trudności finansowe z powodu niewystarczających świadczeń lub niewystarczających oszczędności. Ważne jest zrozumienie specyfiki działania tych świadczeń, w tym procentu świadczeń, które będą kontynuowane, i wszelkich potencjalnych redukcji.

Świadczenia dla osób pozostających przy życiu są równie ważne i często obejmują kwestie takie jak polisy ubezpieczeniowe na życie, plany emerytalne i inne aktywa finansowe. Ubezpieczenie na życie może zapewnić ryczałt lub stałe płatności dla beneficjentów, pomagając pokryć koszty utrzymania, długi lub inne potrzeby finansowe po śmierci. Brak odpowiedniego ubezpieczenia na życie lub wyznaczenia odpowiednich beneficjentów może sprawić, że Twoi bliscy nie będą mieli środków finansowych, których potrzebują, aby utrzymać swój standard życia.

Innym krytycznym aspektem jest planowanie, w jaki sposób świadczenia dla osób pozostających przy życiu są integrowane z innymi źródłami dochodu emerytalnego. Na przykład, jeśli Ty lub Twój małżonek macie wiele źródeł dochodu emerytalnego, w tym ubezpieczenie społeczne, emerytury lub inwestycje, zrozumienie, w jaki sposób wpłynie na nie śmierć jednego z partnerów, jest kluczowe. Niektóre świadczenia, takie jak renty dla osób pozostających przy życiu, mogą zmniejszyć kwotę wypłacaną, jeśli inne źródło dochodu będzie kontynuowane. Planowanie tych interakcji pomaga zapewnić, że Twój ogólny dochód emerytalny pozostanie stabilny i wystarczający zarówno dla Ciebie, jak i Twojego małżonka.

Ważne jest również rozważenie wpływu Twoich wyborów na bezpieczeństwo emerytalne Twojego współmałżonka. Na przykład, jeśli wybierzesz rentę jednorazową lub inną opcję, która nie zapewnia świadczeń dla osób pozostających przy życiu, Twój współmałżonek może zostać bez odpowiedniego wsparcia finansowego po Twojej śmierci. Z drugiej strony, wybór renty wspólnej i renty dla osób pozostających przy życiu lub podobnego planu może zapewnić stały dochód Twojemu współmałżonkowi, ale może zmniejszyć kwotę dochodu, którą otrzymasz w ciągu swojego życia. Zrównoważenie tych rozważań obejmuje ocenę Twoich bieżących potrzeb finansowych, przyszłych potrzeb Twojego współmałżonka i Twoich ogólnych celów emerytalnych.

Aby skutecznie rozwiązać te problemy, zacznij od przejrzenia świadczeń i opcji oferowanych przez Twoje plany emerytalne, polisy ubezpieczeniowe na życie i inne aktywa finansowe. Upewnij się, że w pełni rozumiesz warunki, w tym sposób obliczania świadczeń, wszelkie opcje świadczeń dla osób pozostających przy życiu oraz implikacje Twoich wyborów. Upewnij się, że zaktualizowałeś oznaczenia beneficjentów i przejrzyj adekwatność swojego ubezpieczenia na życie, aby odzwierciedlało Twoje bieżące potrzeby i okoliczności.

Stworzenie kompleksowego planu majątkowego, który obejmuje postanowienia dotyczące świadczeń dla małżonka i osoby pozostającej przy życiu, jest również niezbędne. Plan majątkowy powinien określać sposób dystrybucji aktywów, sposób zarządzania długami oraz sposób, w jaki Twoi bliscy będą wspierani po Twojej śmierci. Konsultacja z prawnikiem ds. planowania majątkowego może pomóc Ci opracować plan, który spełni Twoje potrzeby i zapewni, że Twoje życzenia zostaną skutecznie zrealizowane.

Regularne przeglądanie i aktualizowanie planów emerytalnych i majątkowych jest kluczowe, gdy zmieniają się okoliczności. Wydarzenia życiowe, takie jak małżeństwo, rozwód, narodziny dzieci lub zmiany statusu finansowego, mogą mieć wpływ na potrzeby planowania. Regularne aktualizacje zapewniają, że Twoje plany pozostają zgodne z Twoją obecną sytuacją i nadal zapewniają niezbędne wsparcie dla Twojego małżonka i bliskich.

Podsumowując, zaniedbanie planowania świadczeń dla małżonka i osób pozostających przy życiu może mieć poważne konsekwencje dla Twojego bezpieczeństwa finansowego i bezpieczeństwa Twoich bliskich. Rozumiejąc opcje świadczeń, integrując je z innymi źródłami dochodu emerytalnego i tworząc kompleksowy plan majątkowy, możesz zapewnić, że Ty i Twój małżonek jesteście dobrze przygotowani do emerytury. Właściwe planowanie pomaga zapewnić stabilność finansową, spokój ducha i bezpieczną przyszłość dla Twojej rodziny, pozwalając Ci cieszyć się emeryturą z ufnością.

Błędna ocena znaczenia planowania majątku

Błędna ocena znaczenia planowania majątkowego jest krytycznym błędem, który może mieć daleko idące konsekwencje dla Twojego dziedzictwa finansowego i dobrobytu Twoich bliskich. Planowanie majątkowe obejmuje podejmowanie decyzji o tym, w jaki sposób Twoje aktywa zostaną rozdzielone, kto będzie zarządzał Twoimi sprawami i w jaki sposób Twoje życzenia zostaną spełnione po Twojej śmierci. Niewłaściwe zaplanowanie majątku może prowadzić do komplikacji, niepotrzebnych podatków i sporów prawnych, ostatecznie podważając Twoje cele i powodując cierpienie Twojej rodziny. Zrozumienie i wdrożenie kompleksowego planu majątkowego jest kluczowe dla zapewnienia, że Twoje aktywa zostaną rozdysponowane zgodnie z Twoimi życzeniami, a Twoi bliscy zostaną zabezpieczeni w sposób, w jaki zamierzasz.

Jednym z głównych powodów, dla których planowanie majątku jest tak ważne, jest to, że pomaga zapewnić, że Twoje aktywa zostaną rozdzielone zgodnie z Twoimi życzeniami. Bez planu majątkowego Twoje aktywa zostaną rozdzielone zgodnie z prawem dziedziczenia ustawowego w Twojej jurysdykcji, które może nie być zgodne z Twoimi osobistymi preferencjami. Może to spowodować, że niezamierzeni beneficjenci otrzymają Twoje aktywa lub Twój majątek zostanie podzielony w sposób, który nie odzwierciedla Twoich życzeń. Planowanie majątku pozwala Ci dokładnie określić, w jaki sposób Twoje aktywa powinny zostać rozdzielone, w tym kto odziedziczy konkretne przedmioty, nieruchomości lub konta finansowe.

Planowanie majątku odgrywa również kluczową rolę w minimalizowaniu podatków od spadków i innych kosztów. Bez odpowiedniego planowania majątek może podlegać znacznym podatkom po Twojej śmierci, co może zmniejszyć wartość aktywów przekazanych Twoim spadkobiercom. Narzędzia planowania majątku, takie jak powiernictwa, strategie darowizn i darowizny charytatywne, mogą pomóc zmniejszyć obciążenie podatkowe Twojego majątku. Na przykład utworzenie powiernictwa może umożliwić Ci przeniesienie aktywów poza Twój opodatkowany majątek, potencjalnie zmniejszając podatki od spadków i zapewniając większe korzyści finansowe Twoim beneficjentom. Skuteczne planowanie majątku obejmuje zrozumienie podatkowych implikacji Twoich decyzji i wykorzystanie strategii w celu zminimalizowania tych kosztów.

Innym ważnym aspektem planowania majątkowego jest zapewnienie, że Twoje życzenia dotyczące opieki medycznej i decyzji dotyczących końca życia zostaną uszanowane. Planowanie majątkowe pozwala Ci tworzyć dyrektywy wstępne, takie jak testament życia lub pełnomocnictwo do spraw opieki zdrowotnej, które określają Twoje preferencje dotyczące leczenia, jeśli staniesz się niezdolny do czynności prawnych. Dokumenty te mogą stanowić wskazówki dla Twojej rodziny i pracowników służby zdrowia, zapewniając, że Twoje życzenia zostaną spełnione i zapobiegając potencjalnym sporom lub niejasnościom dotyczącym Twojej opieki. Bez tych dokumentów Twoja rodzina może zostać zmuszona do podejmowania trudnych decyzji bez jasnych wskazówek, co prowadzi do stresu emocjonalnego i potencjalnych konfliktów.

Oprócz zajmowania się dystrybucją aktywów i opieką medyczną, planowanie majątkowe obejmuje wybór osób, które będą zarządzać Twoimi sprawami i podejmować decyzje w Twoim imieniu, jeśli nie będziesz w stanie tego zrobić. Obejmuje to wyznaczenie wykonawcy testamentu, który będzie odpowiedzialny za administrowanie Twoimi aktywami i zapewnienie, że Twoje życzenia zostaną spełnione. Obejmuje to również wyznaczenie pełnomocnika do zajmowania się sprawami finansowymi i prawnymi oraz pełnomocnika ds. opieki zdrowotnej do podejmowania decyzji medycznych. Ostrożny wybór tych osób i upewnienie się, że są świadome swoich ról i obowiązków, ma kluczowe znaczenie dla sprawnego procesu administrowania majątkiem.

Planowanie majątku pomaga również chronić bliskich i zaspokajać ich przyszłe potrzeby. Tworząc testament lub powiernictwo, możesz zapewnić, że Twoja rodzina będzie zabezpieczona finansowo, a Twoje aktywa zostaną rozdzielone w sposób wspierający ich dobrostan. Na przykład możesz ustanowić powiernictwo, aby zapewnić opiekę małoletnim dzieciom lub osobom na utrzymaniu, zapewniając, że ich potrzeby zostaną zaspokojone i że otrzymają wsparcie do osiągnięcia pełnoletności. Planowanie majątku może również obejmować postanowienia dotyczące beneficjentów o specjalnych potrzebach, zapewniając, że otrzymają oni odpowiednią opiekę i wsparcie bez narażania ich kwalifikowalności do świadczeń rządowych.

Brak planowania majątku może skutkować kosztownymi i czasochłonnymi sporami prawnymi między spadkobiercami. Bez jasnego planu majątku mogą pojawić się nieporozumienia dotyczące podziału majątku, co może prowadzić do potencjalnych konfliktów i sporów sądowych. Planowanie majątku zapewnia przejrzystość i zmniejsza prawdopodobieństwo sporów, jasno określając Twoje intencje i zapewniając ramy do rozwiązywania potencjalnych problemów. Może to pomóc zachować rodzinną harmonię i zapewnić, że Twój majątek będzie zarządzany sprawnie i zgodnie z Twoimi życzeniami.

Ponadto planowanie majątku nie jest wydarzeniem jednorazowym, ale trwającym procesem, który wymaga regularnego przeglądu i aktualizacji. Zmiany w Twoich osobistych okolicznościach, takie jak małżeństwo, rozwód, narodziny dzieci lub znaczące zmiany finansowe, mogą mieć wpływ na Twój plan majątkowy i wymagać aktualizacji. Regularne przeglądanie i aktualizowanie planu majątkowego zapewnia, że pozostaje on zgodny z Twoją obecną sytuacją i nadal dokładnie odzwierciedla Twoje życzenia.

Aby rozpocząć planowanie majątku, zacznij od oceny swoich aktywów i zobowiązań oraz zastanów się, jak chcesz je rozdysponować. Skonsultuj się z prawnikiem ds. planowania majątku, aby zrozumieć różne dostępne narzędzia i strategie, takie jak testamenty, powiernictwa, pełnomocnictwa i dyrektywy wstępne. Prawnik może pomóc Ci poruszać się po prawnych zawiłościach planowania majątku, upewnić się, że Twoje dokumenty są prawidłowo sporządzone i wykonane, a także udzielić wskazówek dotyczących minimalizacji podatków i ochrony Twoich aktywów.

Podsumowując, błędna ocena znaczenia planowania majątkowego może mieć poważne konsekwencje dla Twojego dziedzictwa finansowego i dobrobytu Twoich bliskich. Rozumiejąc znaczenie planowania majątkowego i wdrażając kompleksowy plan, możesz zapewnić, że Twoje aktywa zostaną rozdzielone zgodnie z Twoimi życzeniami, zminimalizować implikacje podatkowe i zapewnić jasne wskazówki dotyczące decyzji medycznych i finansowych. Planowanie majątkowe pomaga chronić Twoją rodzinę, zmniejszać spory prawne i zapewniać, że Twój majątek zostanie obsłużony w sposób odzwierciedlający Twoje wartości i cele. Poświęcenie czasu na stworzenie i utrzymanie skutecznego planu majątkowego jest niezbędnym krokiem w zabezpieczeniu Twojej przyszłości finansowej i przyszłości Twoich bliskich.

Niedocenianie wpływu kosztów mieszkaniowych

Niedoszacowanie wpływu kosztów mieszkaniowych może znacznie podważyć stabilność finansową i planowanie emerytury. Wydatki mieszkaniowe, które obejmują raty kredytu hipotecznego, podatki od nieruchomości, konserwację i media, często stanowią znaczną część budżetu gospodarstwa domowego. W przypadku emerytów koszty te mogą być jeszcze większe, wpływając na ogólne bezpieczeństwo finansowe i jakość życia. Dokładna ocena i planowanie kosztów mieszkaniowych ma kluczowe znaczenie dla zapewnienia stabilnej podstawy finansowej przez całą emeryturę.

Jednym z głównych problemów z niedoszacowaniem kosztów mieszkaniowych jest to, że może to prowadzić do nierealistycznego spojrzenia na potrzeby finansowe na emeryturze. Wiele osób może skupiać się na swoich bieżących potrzebach i pragnieniach, zaniedbując rozważenie długoterminowych skutków wydatków mieszkaniowych. W rezultacie emeryci mogą znaleźć się w sytuacji, w której nie będą mieli wystarczających zasobów na pokrycie kosztów utrzymania, zwłaszcza jeśli ich wydatki mieszkaniowe okażą się wyższe niż oczekiwano.

Raty kredytu hipotecznego mogą być znacznym obciążeniem finansowym, szczególnie jeśli przechodzisz na emeryturę z niespłaconym kredytem hipotecznym. Chociaż wiele osób stara się spłacić kredyt hipoteczny przed przejściem na emeryturę, cel ten nie zawsze jest osiągany. W przypadku osób, które nadal spłacają kredyt hipoteczny na emeryturze, miesięczne raty mogą pochłaniać znaczną część stałego dochodu. Jeśli te raty są wyższe niż oczekiwano lub jeśli stopy procentowe ulegają wahaniom, może to nadwyrężyć Twój budżet i zmniejszyć Twoją elastyczność finansową.

Podatki od nieruchomości są kolejnym istotnym czynnikiem. Podatki te mogą się znacznie różnić w zależności od lokalizacji i wartości nieruchomości. Wraz ze wzrostem wartości nieruchomości rosną również podatki od nieruchomości, co potencjalnie prowadzi do wzrostu wydatków. Niedoszacowanie potencjału wzrostu podatków od nieruchomości może wywołać presję finansową, zwłaszcza jeśli dochód emerytalny nie dostosowuje się proporcjonalnie do pokrycia tych dodatkowych kosztów.

Koszty konserwacji i napraw domu mogą być również znaczne i często pomijane w planowaniu emerytury. Domy wymagają regularnej konserwacji, w tym napraw, renowacji i ogólnej konserwacji, które mogą się z czasem kumulować. Koszty te mogą być szczególnie uciążliwe, jeśli posiadasz starszy dom lub jeśli pojawią się nieoczekiwane problemy. Nieuwzględnienie tych wydatków może prowadzić do obciążeń finansowych, ponieważ możesz musieć sięgnąć do oszczędności lub obciąć inne obszary swojego budżetu.

Opłaty za media i inne bieżące wydatki związane z posiadaniem domu, takie jak ubezpieczenie i opłaty stowarzyszenia właścicieli domów (HOA), mogą również mieć znaczący wpływ na budżet emerytalny. Koszty mediów mogą się wahać w zależności od zużycia i stawek rynkowych, a opłaty HOA mogą się różnić w zależności od usług świadczonych przez stowarzyszenie. Dokładne oszacowanie tych kosztów i uwzględnienie ich w planie emerytalnym jest niezbędne, aby uniknąć niespodzianek finansowych.

Innym czynnikiem jest potencjalna potrzeba dostosowania mieszkania wraz z wiekiem. Wielu emerytów ostatecznie staje w obliczu konieczności zmiany warunków mieszkaniowych ze względu na zmiany w zdrowiu, mobilności lub preferencjach dotyczących stylu życia. Może to oznaczać przeprowadzkę do mniejszego domu, przeprowadzkę do innej okolicy lub przeprowadzkę do społeczności emerytów. Każda z tych opcji wiąże się z własnym zestawem kosztów, w tym kosztami przeprowadzki, nowymi podatkami od nieruchomości i potencjalnymi zmianami w wymaganiach dotyczących konserwacji. Niedoszacowanie tych przyszłych potrzeb mieszkaniowych może mieć wpływ na Twoje plany finansowe i jakość emerytury.

Aby skutecznie zarządzać kosztami mieszkaniowymi i planować je na emeryturze, zacznij od przeprowadzenia dokładnej oceny bieżących i przyszłych wydatków mieszkaniowych. Przejrzyj swoje płatności hipoteczne, podatki od nieruchomości, ubezpieczenia, koszty utrzymania i mediów, aby określić realistyczną ocenę tego, ile będziesz potrzebować, aby pokryć te wydatki na emeryturze. Weź pod uwagę takie czynniki, jak inflacja i potencjalne zmiany wartości nieruchomości, które mogą mieć wpływ na te koszty.

Uwzględnij te szacunki w swoim ogólnym budżecie emerytalnym i planie finansowym. Upewnij się, że masz wystarczające zasoby, aby pokryć wydatki mieszkaniowe wraz z innymi potrzebami emerytalnymi, takimi jak opieka zdrowotna, podróże i codzienne koszty utrzymania. Stworzenie szczegółowego budżetu, który obejmuje wszystkie potencjalne wydatki związane z mieszkaniem, pomoże Ci uzyskać dokładniejszy obraz Twoich potrzeb finansowych i zidentyfikować wszelkie potencjalne niedobory.

Jeśli przewidujesz, że koszty mieszkaniowe będą stanowić poważny problem na emeryturze, rozważ opcje zmniejszenia tych wydatków. Może to obejmować spłatę kredytu hipotecznego przed emeryturą, rozważenie tańszych opcji mieszkaniowych lub zaplanowanie przyszłych zmian w warunkach mieszkaniowych. Ponadto utworzenie funduszu awaryjnego specjalnie na wydatki związane z mieszkaniem może zapewnić poduszkę finansową i pomóc w zarządzaniu nieoczekiwanymi kosztami.

Konsultacja z doradcą finansowym może być również korzystna w rozwiązywaniu kwestii kosztów mieszkaniowych jako części planowania emerytury. Doradca może pomóc Ci opracować strategie zarządzania tymi wydatkami, zbadać opcje optymalizacji Twojej sytuacji mieszkaniowej i upewnić się, że Twój plan finansowy uwzględnia wszystkie istotne czynniki.

Podsumowując, niedoszacowanie wpływu kosztów mieszkaniowych może mieć znaczące konsekwencje dla planowania emerytury i stabilności finansowej. Dzięki dokładnej ocenie i planowaniu wydatków mieszkaniowych, w tym płatności hipotecznych, podatków od nieruchomości, konserwacji i mediów, możesz opracować bardziej realistyczny budżet emerytalny i uniknąć obciążeń finansowych. Prawidłowe planowanie i zarządzanie kosztami mieszkaniowymi są niezbędne do zapewnienia stabilnej i komfortowej emerytury, pozwalając cieszyć się późniejszymi latami bez zbędnego stresu finansowego.

Ignorowanie zmian stylu życia na emeryturze

Ignorowanie zmian w stylu życia na emeryturze może mieć głęboki wpływ zarówno na stabilność finansową, jak i ogólne samopoczucie. Emerytura to nie tylko faza życia, w której praca się kończy; to przejście, które często powoduje znaczące zmiany w codziennych czynnościach, aktywnościach i potrzebach finansowych. Nieprzewidywanie i nieplanowanie tych zmian w stylu życia może prowadzić do stresu finansowego, niezadowolenia i obniżonej jakości życia. Zajęcie się potencjalnymi zmianami w stylu życia jest kluczowe dla zapewnienia płynnej i satysfakcjonującej emerytury.

Jedną z najbardziej zauważalnych zmian w stylu życia na emeryturze jest przejście ze zorganizowanej rutyny pracy na bardziej elastyczny harmonogram dnia. Utrata stałej pracy może stworzyć pustkę, którą należy wypełnić znaczącymi zajęciami i hobby. Bez odpowiedniego planowania emeryci mogą zmagać się z nudą, utratą celu lub izolacją społeczną, co może mieć wpływ na ich samopoczucie psychiczne i emocjonalne. Ważne jest, aby zastanowić się, jak spędzisz czas na emeryturze i nawiązać zajęcia i kontakty społeczne, które zapewnią satysfakcję i zaangażowanie.

Pod względem finansowym emerytura często powoduje zmiany w schematach wydatków. Podczas gdy niektóre wydatki, takie jak koszty dojazdów do pracy lub wydatki związane z pracą, mogą się zmniejszyć, inne mogą wzrosnąć. Na przykład emeryci mogą wydawać więcej na podróże, zajęcia rekreacyjne lub hobby. Należy również wziąć pod uwagę koszty opieki zdrowotnej, które mogą znacznie wzrosnąć wraz z wiekiem. Planowanie tych wydatków związanych ze stylem życia zapewnia, że masz zasoby finansowe na utrzymanie pożądanego stylu życia bez narażania długoterminowej stabilności finansowej.

Potrzeby w zakresie opieki zdrowotnej zazwyczaj zmieniają się na emeryturze, wymagając starannego rozważenia i planowania. Wraz z wiekiem możesz mieć do czynienia ze zwiększonymi wydatkami medycznymi, w tym rutynowymi badaniami kontrolnymi, lekami na receptę i potencjalnie poważniejszymi interwencjami zdrowotnymi. Ignorowanie tych potencjalnych kosztów może prowadzić do obciążeń finansowych i nieoczekiwanych wydatków. Planowanie kosztów opieki zdrowotnej obejmuje nie tylko zrozumienie zakresu ubezpieczenia zdrowotnego lub programów rządowych, ale także budżetowanie wydatków własnych i potencjalnych potrzeb w zakresie opieki długoterminowej.

Kolejną znaczącą zmianą stylu życia jest potencjalna potrzeba przeprowadzki lub zmniejszenia powierzchni mieszkalnej. Wielu emerytów decyduje się na przeprowadzkę do nowego domu lub innego obszaru geograficznego, który lepiej odpowiada ich potrzebom lub preferencjom. Może to wynikać z chęci posiadania bardziej przystępnego domu, bliskości rodziny lub klimatu sprzyjającego pożądanemu stylowi życia. Przeprowadzka lub zmniejszenie powierzchni mieszkalnej wiąże się z różnymi kosztami, w tym kosztami przeprowadzki, zmianami w podatkach od nieruchomości i potencjalnie nowymi obowiązkami konserwacyjnymi. Właściwe planowanie tych zmian pomaga zapewnić, że możesz sobie pozwolić na przeprowadzkę i płynnie dostosować się do nowej sytuacji mieszkaniowej.

Zmiany społeczne są również powszechnym aspektem emerytury. Gdy odchodzisz z pracy, Twoja sieć społeczna może się zmienić i możesz potrzebować znaleźć nowe sposoby na utrzymanie i budowanie więzi społecznych. Nawiązywanie nowych przyjaźni, dołączanie do klubów lub organizacji i angażowanie się w działania społeczne może pomóc zapobiec uczuciu izolacji i przyczynić się do satysfakcjonującego doświadczenia emerytalnego. Ignorowanie aspektów społecznych emerytury może prowadzić do samotności i obniżenia jakości życia.

Emerytura może również przynieść zmiany w dynamice rodziny. Możesz przyjąć nowe role, takie jak opieka nad starzejącymi się rodzicami lub wspieranie dorosłych dzieci. Te obowiązki mogą mieć wpływ na Twój czas, energię i finanse. Planowanie tych potencjalnych zmian obejmuje zrozumienie, w jaki sposób mogą one wpłynąć na Twoje plany emerytalne i wprowadzanie zmian w budżecie i harmonogramie w razie potrzeby.

Aby skutecznie zająć się zmianami stylu życia na emeryturze, zacznij od wyobrażenia sobie idealnej emerytury i określenia aktywności i doświadczeń, które są dla Ciebie ważne. Zastanów się, jak chcesz spędzać czas, gdzie chciałbyś mieszkać i jakie więzi społeczne chcesz utrzymywać lub budować. Opracuj kompleksowy plan emerytalny, który obejmuje nie tylko aspekty finansowe, ale także kwestie związane ze stylem życia.

Utwórz szczegółowy budżet, który odzwierciedla przewidywane wydatki emerytalne, w tym wszelkie zmiany w schematach wydatków związane z nowymi działaniami, potrzebami opieki zdrowotnej i potencjalnymi kosztami przeprowadzki. Weź pod uwagę potencjalne wzrosty kosztów utrzymania i upewnij się, że masz wystarczające zasoby finansowe, aby utrzymać pożądany styl życia.

Dodatkowo pomyśl o tym, jak będziesz zarządzać swoim czasem i pozostawać zaangażowanym. Zaplanuj hobby, pracę wolontariacką lub inne zajęcia, które dają poczucie celu i satysfakcji. Odkryj sposoby na utrzymanie więzi społecznych i zaangażowanie w swojej społeczności, aby utrzymać silną sieć społeczną.

Konsultacja z doradcą finansowym może również zapewnić cenne wsparcie w radzeniu sobie ze zmianami w stylu życia. Doradca może pomóc Ci ocenić Twoją gotowość finansową na emeryturę, zaplanować przewidywane wydatki związane ze stylem życia i dostosować strategię emerytalną w razie potrzeby. Może również udzielić wskazówek dotyczących zarządzania kosztami opieki zdrowotnej i przygotowania się na potencjalne zmiany w Twojej sytuacji życiowej.

Podsumowując, ignorowanie zmian w stylu życia na emeryturze może prowadzić do trudności finansowych, niezadowolenia i obniżonej jakości życia. Przewidując i planując te zmiany, w tym zmiany w codziennych czynnościach, wzorcach wydatków, potrzebach opieki zdrowotnej i relacjach społecznych, możesz stworzyć bardziej kompleksowy i satysfakcjonujący plan emerytalny. Zajęcie się tymi aspektami zapewnia, że będziesz cieszyć się stabilną i satysfakcjonującą emeryturą, pozwalając Ci w pełni wykorzystać ten nowy etap życia.

Brak planowania wymaganych minimalnych dystrybucji

Brak planowania wymaganych minimalnych wypłat (RMD) może prowadzić do niezamierzonych konsekwencji podatkowych i nieefektywności finansowych, szczególnie jeśli masz znaczne oszczędności emerytalne na kontach z odroczonym podatkiem, takich jak emerytury lub plany oszczędnościowe na emeryturę. RMD to minimalne kwoty, które muszą zostać wypłacone z niektórych rodzajów kont emerytalnych po osiągnięciu określonego wieku. Niewłaściwe zarządzanie tymi wypłatami może skutkować niepotrzebnymi zobowiązaniami podatkowymi i zmniejszoną elastycznością finansową na emeryturze.

Wymagania dotyczące RMD zazwyczaj zaczynają się, gdy osiągniesz określony wiek, który może się różnić w zależności od przepisów danego kraju. W wielu krajach wiek, w którym RMD muszą się zacząć, wynosi 70 lub 72 lata, ale może się różnić w zależności od lokalnych przepisów. Niedokonanie tych wypłat zgodnie z wymaganiami może skutkować wysokimi karami, które często stanowią procent kwoty, która powinna zostać wypłacona. Kary te mogą znacznie zmniejszyć Twoje oszczędności emerytalne i spowodować dodatkowe obciążenie finansowe.

Jedną z głównych konsekwencji braku planowania RMD jest potencjalne nieoczekiwane zobowiązania podatkowe. RMD są generalnie uważane za dochód podlegający opodatkowaniu, a wypłacona kwota musi zostać uwzględniona w rocznym dochodzie dla celów podatkowych. Jeśli nie jesteś przygotowany na te wypłaty, możesz stanąć w obliczu wyższego niż oczekiwano rachunku za podatek, co może wpłynąć na Twoją ogólną strategię finansową. Prawidłowe planowanie obejmuje oszacowanie wpływu RMD na

Twoją sytuację podatkową i odpowiednie dostosowanie wypłat i innych decyzji finansowych.

Innym problemem związanym z brakiem planowania RMD jest potencjalny wpływ na długoterminowe oszczędności emerytalne. Jeśli nie będziesz skutecznie zarządzać swoimi RMD, możesz skończyć na wypłacaniu większej kwoty niż to konieczne, co może zmniejszyć saldo Twojego konta emerytalnego i zmniejszyć potencjał wzrostu Twoich inwestycji. Z drugiej strony, jeśli nie wypłacisz wystarczającej kwoty, aby spełnić minimalne wymagania, możesz zostać obciążony znacznymi karami i dodatkowymi obciążeniami podatkowymi. Zrównoważenie tych wypłat w celu zapewnienia zgodności z przepisami przy jednoczesnym zachowaniu oszczędności emerytalnych jest niezbędne do utrzymania długoterminowej stabilności finansowej.

Ponadto niewłaściwe planowanie RMD może wpłynąć na Twoją ogólną strategię dochodów emerytalnych. RMD mogą wpłynąć na Twoje potrzeby w zakresie przepływu środków pieniężnych i wpłynąć na sposób alokacji inwestycji. Na przykład, jeśli musisz wypłacić więcej środków, aby spełnić wymagania RMD, możesz zostać zmuszony do sprzedaży inwestycji w nieodpowiednim momencie, co potencjalnie może skutkować niższymi zwrotami lub naliczeniem podatku od zysków kapitałowych. Staranne planowanie pozwala Ci dopasować RMD do Twojej ogólnej strategii inwestycyjnej i zminimalizować wpływ na Twój portfel.

Aby uniknąć tych problemów, kluczowe jest zrozumienie zasad i wymagań RMD specyficznych dla Twojego kraju. Zacznij od ustalenia wieku, w którym RMD muszą się rozpocząć, i obliczenia wymaganych minimalnych kwot na podstawie salda Twojego konta emerytalnego. Wiele instytucji finansowych udostępnia kalkulatory RMD lub arkusze kalkulacyjne, które mogą pomóc Ci oszacować kwoty, które musisz wypłacić.

Włącz planowanie RMD do swojej ogólnej strategii emerytalnej, rozważając, w jaki sposób te dystrybucje wpłyną na Twoją sytuację podatkową i cele finansowe. Regularnie przeglądaj swoje konta emerytalne, aby upewnić się, że spełniasz wymagania RMD i dostosuj wypłaty w razie potrzeby, aby zachować zgodność. Ponadto rozważ współpracę z doradcą finansowym lub specjalistą ds. podatków, który może udzielić wskazówek dotyczących zarządzania RMD i optymalizacji strategii dochodów emerytalnych.

Rozważ opcje minimalizacji wpływu podatkowego RMD. Na przykład możesz rozważyć strategie takie jak wypłaty z uwzględnieniem opodatkowania, darowizny na cele charytatywne lub korzystanie z kont z odroczonym podatkiem do zarządzania dochodem podlegającym opodatkowaniu. Niektóre kraje oferują ulgi podatkowe dla darowizn na cele charytatywne dokonywanych bezpośrednio z kont emerytalnych, co może pomóc zmniejszyć dochód podlegający opodatkowaniu i jednocześnie spełnić wymagania RMD.

Podsumowując, brak planowania wymaganych minimalnych dystrybucji może skutkować nieoczekiwanymi zobowiązaniami podatkowymi, zmniejszonymi oszczędnościami emerytalnymi i nieefektywnością finansową. Rozumiejąc zasady RMD, obliczając wymagane kwoty i włączając planowanie RMD do ogólnej strategii emerytalnej, możesz skutecznie zarządzać tymi dystrybucjami i utrzymać długoterminową stabilność finansową. Prawidłowe planowanie zapewnia spełnienie wymogów regulacyjnych, optymalizację sytuacji podatkowej i zachowanie oszczędności emerytalnych na bezpieczną i satysfakcjonującą emeryturę.

Brak jasnych celów emerytalnych

Brak jasnych celów emerytalnych może prowadzić do niepewności, utraconych okazji i braku kierunku w planowaniu emerytury. Jasne cele stanowią mapę drogową do podejmowania świadomych decyzji finansowych, kierowania strategiami oszczędzania i pomagania w osiągnięciu satysfakcjonującej i bezpiecznej emerytury. Bez dobrze zdefiniowanych celów możesz mieć trudności z utrzymaniem się na właściwej drodze, doświadczać niedoborów finansowych lub nie wykorzystywać w pełni lat emerytalnych.

Jednym z głównych powodów wyznaczania jasnych celów emerytalnych jest ustalenie konkretnej wizji tego, co chcesz osiągnąć na emeryturze. Obejmuje to określenie pożądanego stylu życia, warunków mieszkaniowych, aktywności i potrzeb finansowych. Bez jasnej wizji może być trudno opracować kompleksowy plan emerytalny, który będzie zgodny z Twoimi oczekiwaniami i aspiracjami. Wyznaczanie konkretnych celów pozwala Ci ustalić priorytety oszczędności, skutecznie alokować zasoby i podejmować świadome decyzje dotyczące sposobu spędzania lat emerytalnych.

Jasne cele emerytalne pomagają również w określeniu, ile musisz oszczędzać i inwestować, aby osiągnąć pożądany styl życia na emeryturze. Określając swoje potrzeby finansowe i cele, możesz oszacować kwotę oszczędności wymaganą do wsparcia Twoich planów. Obejmuje to obliczenie przewidywanych wydatków, takich jak mieszkanie, opieka zdrowotna, podróże i zajęcia rekreacyjne, oraz określenie, ile musisz zaoszczędzić, aby pokryć te koszty. Bez jasnych celów możesz albo zaoszczędzić za dużo, co doprowadzi do niepotrzebnych poświęceń w Twoim obecnym stylu życia, albo zaoszczędzić za mało, ryzykując niepewność finansową na emeryturze.

Ponadto, mając konkretne cele emerytalne, możesz stworzyć ustrukturyzowany i wykonalny plan oszczędzania. Cele motywują i dają poczucie celu, dzięki czemu łatwiej jest pozostać zaangażowanym w strategię oszczędzania. Pomagają Ci wyznaczać kamienie milowe i śledzić postępy, umożliwiając wprowadzanie niezbędnych zmian i trzymanie się kursu. Bez jasnych celów trudno jest zachować dyscyplinę i koncentrację, co prowadzi do niespójności w wysiłkach oszczędnościowych i potencjalnych opóźnień w osiąganiu celów emerytalnych.

Wyznaczanie jasnych celów pomaga również w ocenie i wyborze odpowiednich strategii inwestycyjnych. Różne cele emerytalne mogą wymagać różnych podejść inwestycyjnych. Na przykład, jeśli Twoim celem jest wcześniejsze przejście na emeryturę, możesz potrzebować przyjąć bardziej agresywną strategię inwestycyjną, aby zgromadzić niezbędne fundusze. Z drugiej strony, jeśli Twoim celem jest późniejsze przejście na emeryturę i cieszenie się bardziej konserwatywnym stylem życia, bardziej odpowiednie może być inne podejście inwestycyjne. Jasne cele zapewniają ramy do podejmowania tych strategicznych decyzji i upewnienia się, że Twoje inwestycje są zgodne z Twoimi planami emerytalnymi.

Ponadto, dobrze zdefiniowane cele emerytalne ułatwiają podejmowanie lepszych decyzji, jeśli chodzi o wybory dotyczące stylu życia i priorytety finansowe. Na przykład, jeśli Twoim celem jest intensywne podróżowanie na emeryturze, możesz potrzebować więcej budżetu na wydatki związane z podróżami i dostosować inne priorytety wydatków. Z drugiej strony, jeśli Twoim celem jest zmniejszenie domu i obniżenie kosztów utrzymania, możesz zaplanować powiązane koszty i korzyści. Jasne cele pomagają Ci podejmować świadome decyzje i zapewniają, że Twoje plany emerytalne są realistyczne i osiągalne.

Brak jasnych celów emerytalnych może również prowadzić do utraty okazji do optymalizacji oszczędności emerytalnych i strategii inwestycyjnych. Cele pomagają identyfikować i wykorzystywać okazje, takie jak konta inwestycyjne z korzyścią podatkową, plany emerytalne pracodawców i inne instrumenty finansowe. Bez konkretnych celów możesz przeoczyć te okazje lub nie wykorzystać ich skutecznie, co może mieć wpływ na Twoje długoterminowe bezpieczeństwo finansowe.

Aby ustalić jasne cele emerytalne, zacznij od wyobrażenia sobie idealnej emerytury i określenia, co chcesz osiągnąć. Rozważ takie czynniki, jak pożądany styl życia, warunki mieszkaniowe, plany podróży i inne ważne dla Ciebie działania. Oceń swoje potrzeby finansowe i oszacuj koszty związane z celami. Opracuj plan oszczędności i inwestycji, który będzie zgodny z Twoimi celami i zapewni mapę drogową do osiągnięcia pożądanych rezultatów emerytalnych.

Regularnie przeglądaj i aktualizuj swoje cele emerytalne, aby odzwierciedlały zmiany w Twoich okolicznościach, priorytetach i sytuacji finansowej. Wydarzenia życiowe, takie jak ślub, rozwód, narodziny dzieci lub zmiany w stanie zdrowia, mogą mieć wpływ na Twoje cele i wymagać dostosowania planu emerytalnego. Pozostając elastycznym i dostosowując swoje cele w razie potrzeby, możesz zapewnić, że Twoje plany emerytalne pozostaną istotne i osiągalne.

Konsultacja z doradcą finansowym może również zapewnić cenne wsparcie w ustalaniu i osiąganiu celów emerytalnych. Doradca może pomóc Ci ocenić Twoją sytuację finansową, określić Twoje cele i opracować kompleksowy plan ich osiągnięcia. Mogą oni udzielić wskazówek dotyczących strategii inwestycyjnych, planów oszczędnościowych i innych aspektów planowania emerytalnego, pomagając Ci podejmować świadome decyzje i trzymać się planu.

Podsumowując, brak jasnych celów emerytalnych może prowadzić do niepewności, utraconych szans i wyzwań finansowych. Definiując swoje cele i tworząc ustrukturyzowany plan ich osiągnięcia, możesz zapewnić, że Twoja emerytura będzie satysfakcjonująca i bezpieczna. Jasne cele zapewniają kierunek, motywację i ramy do podejmowania świadomych decyzji finansowych, pomagając Ci zoptymalizować oszczędności, inwestycje i wybory dotyczące stylu życia. Poświęcenie czasu na ustalenie i przejrzenie celów emerytalnych jest niezbędne do osiągnięcia udanej i przyjemnej emerytury.

Pomijanie wartości ciągłego uczenia się

Pominięcie wartości ciągłego uczenia się może mieć znaczące implikacje dla Twojego doświadczenia emerytalnego i ogólnego dobrostanu. Ciągłe uczenie się — proces ciągłego rozwijania nowych umiejętności, zdobywania wiedzy i pozostawania intelektualnie zaangażowanym — może znacznie poprawić jakość Twojego życia, szczególnie na emeryturze. Ignorowanie tego aspektu rozwoju osobistego może prowadzić do utraty szans na rozwój, pogorszenia zdrowia psychicznego i zmniejszenia satysfakcji w latach emerytalnych.

Jedną z głównych korzyści płynących z ciągłego uczenia się jest pozytywny wpływ, jaki ma ono na zdrowie psychiczne i funkcje poznawcze. Uczestnictwo w nauce przez całe życie pomaga utrzymać umysł aktywnym i ostrym, co jest kluczowe w miarę starzenia się. Badania wykazały, że stymulacja umysłowa poprzez działania edukacyjne może pomóc opóźnić spadek funkcji poznawczych i zmniejszyć ryzyko rozwoju takich schorzeń, jak demencja i choroba Alzheimera. Poprzez ciągłe rzucanie wyzwań swojemu mózgowi nowymi informacjami i umiejętnościami możesz utrzymać witalność poznawczą i wspierać ogólne zdrowie mózgu przez całą emeryturę.

Ciągła nauka przyczynia się również do rozwoju osobistego i samorealizacji. Emerytura często daje możliwość odkrywania nowych zainteresowań i pasji, które nie były możliwe do zrealizowania w latach pracy. Niezależnie od tego, czy jest to nauka nowego języka, nauka gry na instrumencie muzycznym, czy też podjęcie nowego hobby, angażowanie się w te działania może zapewnić poczucie spełnienia i radości. Dążenie do nowych zainteresowań może również zapewnić poczucie celu i satysfakcji, które są ważne dla utrzymania pozytywnego nastawienia i ogólnego dobrego samopoczucia.

Ponadto, ciągła nauka może wzmocnić Twoje interakcje społeczne i relacje. Wiele możliwości nauki, takich jak zajęcia, warsztaty lub zajęcia grupowe, obejmuje interakcje społeczne i współpracę z innymi.

Te doświadczenia mogą pomóc Ci budować nowe przyjaźnie, wzmacniać istniejące relacje i utrzymywać zaangażowanie społeczne. Połączenia społeczne są niezbędne do wsparcia emocjonalnego i zmniejszania poczucia izolacji, co może być szczególnie ważne na emeryturze, gdy kręgi społeczne mogą się zmieniać.

Oprócz osobistych korzyści, ciągła nauka może mieć również praktyczne zalety. Zdobywanie nowych umiejętności i wiedzy może otworzyć drzwi do nowych możliwości, niezależnie od tego, czy są one związane z pracą w niepełnym wymiarze godzin, działalnością wolontariacką czy projektami osobistymi. Na przykład, nauka nowych umiejętności technologicznych może umożliwić Ci wniesienie wkładu w inicjatywy społeczne lub skorzystanie z możliwości pracy na własny rachunek. Będąc na bieżąco z nowymi wydarzeniami i trendami, możesz pozostać elastyczny i reagować na zmiany, zwiększając swoją zdolność do angażowania się w otaczający Cię świat.

Ciągła nauka pomaga również zachować intelektualną ciekawość i zaangażowanie. Rozwija poczucie eksploracji i odkrywania, zachęcając do poszukiwania nowych doświadczeń i perspektyw. Ta intelektualna ciekawość może prowadzić do bogatszego i bardziej zróżnicowanego doświadczenia emerytalnego, gdy nadal będziesz stawiać sobie wyzwania i poszerzać swoje horyzonty. Przyjęcie nastawienia na naukę przez całe życie sprawia, że jesteś aktywny i zaangażowany, przyczyniając się do bardziej satysfakcjonującej i dynamicznej emerytury.

Aby włączyć ciągłą naukę do swojej emerytury, zacznij od zidentyfikowania obszarów zainteresowań lub tematów, które zawsze chciałeś zgłębić. Rozważ wzięcie udziału w kursach, warsztatach lub uczestniczenie w platformach edukacyjnych online, które są zgodne z Twoimi zainteresowaniami. Wiele instytucji edukacyjnych i organizacji społecznych oferuje programy specjalnie zaprojektowane dla emerytów, zapewniając możliwości nauki i interakcji społecznych.

Ustal osobiste cele dotyczące nauki i rozwoju oraz stwórz plan ich osiągnięcia. Może to obejmować poświęcanie czasu co tydzień na zajęcia edukacyjne, dołączanie do klubów lub grup związanych z Twoimi zainteresowaniami lub korzystanie z możliwości formalnej edukacji. Regularnie oceniaj swoje postępy i dostosowuj swoje cele edukacyjne w razie potrzeby, aby pozostać zmotywowanym i zaangażowanym.

Ponadto poszukaj zasobów i narzędzi, które wspierają naukę przez całe życie. Wiele platform internetowych, bibliotek i centrów społecznościowych oferuje bogactwo materiałów edukacyjnych i możliwości. Przeglądaj te zasoby, aby znaleźć doświadczenia edukacyjne, które do Ciebie przemawiają i przyczyniają się do Twojego osobistego rozwoju.

Podsumowując, pomijanie wartości ciągłego uczenia się może ograniczyć Twój potencjał rozwoju osobistego, stymulacji umysłowej i ogólnej satysfakcji na emeryturze. Przyjmując nastawienie na uczenie się przez całe życie, możesz poprawić swoje zdrowie poznawcze, odkrywać nowe zainteresowania, budować więzi społeczne i pozostać intelektualnie zaangażowanym. Włączenie ciągłego uczenia się do planu emerytalnego przyczynia się do bogatszego, bardziej satysfakcjonującego doświadczenia i wspiera Twoje ogólne samopoczucie podczas poruszania się po tej nowej fazie życia.

Zbytnie poleganie na dziedziczeniu

Zbytnie poleganie na dziedziczeniu jako głównym składniku planu emerytalnego może prowadzić do znacznej niepewności finansowej i potencjalnego rozczarowania. Dziedziczenie, choć często jest cennym aktywem, nie powinno być kamieniem węgielnym strategii emerytalnej. Nadmierne poleganie na oczekiwaniu otrzymania spadku może prowadzić do kilku ryzyk i wyzwań, potencjalnie zagrażając bezpieczeństwu finansowemu i ogólnemu doświadczeniu emerytalnemu.

Jednym z głównych problemów związanych z dużym uzależnieniem od dziedziczenia jest niepewność związana z jego aktualizacją. Czas, kwota i warunki dziedziczenia mogą być nieprzewidywalne i podlegać różnym czynnikom pozostającym poza Twoją kontrolą. Na przykład zmiany w sytuacji finansowej dobroczyńcy, spory prawne lub nieprzewidziane wydatki mogą mieć wpływ na wielkość i czas dziedziczenia. Ta niepewność może stworzyć niepewną sytuację finansową, jeśli oparłeś swoje plany emerytalne na oczekiwaniu otrzymania tych środków.

Ponadto poleganie na dziedziczeniu może prowadzić do niewystarczającego planowania własnych potrzeb finansowych. Jeśli zakładasz, że spadek pokryje znaczną część wydatków emerytalnych, możesz zaniedbać oszczędzanie i inwestowanie w odpowiednim stopniu w latach pracy. Może to skutkować niewystarczającymi zasobami na utrzymanie pożądanego stylu życia, narażając Cię na niedobory finansowe, jeśli spadek nie zmaterializuje się zgodnie z oczekiwaniami.

Innym potencjalnym problemem jest to, że spadek może nie w pełni odpowiadać Twoim potrzebom lub oczekiwaniom. Nawet jeśli otrzymasz spadek, może on nie być tak duży, jak się spodziewano lub może wiązać się z warunkami ograniczającymi jego wykorzystanie. Może to powodować obciążenia finansowe i zmuszać Cię do dostosowania planów emerytalnych lub stylu życia w sposób, który pierwotnie nie był zamierzony.

Nadmierne poleganie na dziedziczeniu może również wpłynąć na Twoją niezależność finansową i podejmowanie decyzji. Jeśli liczysz na to, że spadek zapewni znaczną część Twojego dochodu emerytalnego, możesz podejmować decyzje finansowe, które są mniej ostrożne lub bardziej ryzykowne, wierząc, że spadek pokryje wszelkie niedobory. Takie nastawienie może prowadzić do złych wyborów inwestycyjnych, nadmiernych wydatków lub innych zachowań finansowych, które mogą zagrozić Twojej długoterminowej stabilności.

Aby złagodzić te ryzyka, konieczne jest opracowanie kompleksowego planu emerytalnego, który nie opiera się wyłącznie na oczekiwaniu spadku. Skup się na budowaniu własnego bezpieczeństwa finansowego poprzez regularne oszczędzanie, inwestycje i ostrożne zarządzanie finansami. Ustal jasną strategię emerytalną, która obejmuje utworzenie funduszu awaryjnego, planowanie kosztów opieki zdrowotnej i dywersyfikację portfela inwestycyjnego, aby mieć pewność, że jesteś przygotowany na różne scenariusze.

Rozważ omówienie planów dziedziczenia z rodziną i doradcą finansowym, aby uzyskać jaśniejsze zrozumienie tego, czego się spodziewać. Otwarta komunikacja w kwestiach finansowych może pomóc Ci zarządzać oczekiwaniami i skuteczniej planować. Ponadto współpraca z doradcą finansowym może zapewnić cenne spostrzeżenia i strategie zarządzania oszczędnościami emerytalnymi i zapewnić, że jesteś dobrze przygotowany na przyszłość.

Podsumowując, zbytnie poleganie na dziedziczeniu jako kamieniu węgielnym planu emerytalnego może prowadzić do niestabilności finansowej i rozczarowania. Skupiając się na budowaniu własnych zasobów finansowych i opracowaniu kompleksowej strategii emerytalnej, możesz zmniejszyć zależność od niepewnych czynników i zapewnić sobie bardziej bezpieczną i satysfakcjonującą emeryturę.

Nieporozumienie dotyczące roli rent

Nieporozumienie co do roli rent może prowadzić do nieoptymalnych decyzji finansowych i utraconych możliwości zwiększenia bezpieczeństwa emerytalnego. Renty to produkty finansowe zaprojektowane w celu zapewnienia stałego strumienia dochodów, często na emeryturę. Jednak ich złożoność i różnorodność mogą utrudniać ich pełne zrozumienie. Bez jasnego zrozumienia osoby mogą albo przeoczyć korzyści płynące z rent, albo nadużyć ich w sposób niezgodny z ich celami finansowymi.

Annuity występują w kilku formach, w tym renty stałe, zmienne i natychmiastowe, z których każda ma swoje własne cechy i korzyści. Annuity stałe zapewniają gwarantowany zwrot i regularne wypłaty dochodu przez określony okres lub przez resztę życia rencisty. Annuity zmienne umożliwiają inwestowanie w różne papiery wartościowe, a wypłaty dochodu różnią się w zależności od wyników bazowych inwestycji. Annuity natychmiastowe rozpoczynają wypłaty niemal natychmiast po zainwestowaniu kwoty ryczałtowej, podczas gdy annuity odroczone rozpoczynają wypłaty w przyszłej dacie. Niezrozumienie tych typów może prowadzić do wyboru renty, która nie spełnia Twoich potrzeb lub oczekiwań.

Jednym z powszechnych błędnych przekonań na temat rent jest to, że są one uniwersalnym rozwiązaniem dla dochodu emerytalnego. W rzeczywistości renty powinny być wybierane na podstawie indywidualnych celów finansowych, tolerancji ryzyka i potrzeb emerytalnych. Na przykład stałe renty mogą zapewnić przewidywalny dochód i bezpieczeństwo, ale mogą oferować niższe zwroty w porównaniu z innymi opcjami inwestycyjnymi. Z drugiej strony zmienne renty oferują potencjał wyższych zwrotów, ale wiążą się z większym ryzykiem inwestycyjnym i złożonością. Niezrozumienie tych niuansów może skutkować wyborem renty, która nie zapewnia pożądanej równowagi między ryzykiem a zwrotem.

Kolejne nieporozumienie dotyczy opłat i prowizji związanych z rentami. Renty często wiążą się z różnymi opłatami, w tym opłatami administracyjnymi, opłatami za śmiertelność i wydatki oraz opłatami za zarządzanie inwestycjami. Opłaty te mogą zmniejszyć ogólny zwrot z inwestycji i wpłynąć na otrzymany dochód netto. Nierozpoznanie i nieuwzględnienie tych opłat może prowadzić do nieoczekiwanych kosztów i zmniejszenia korzyści finansowych.

Niektórzy mogą również źle rozumieć ograniczenia płynnościowe rent. Renty są zazwyczaj przeznaczone do długoterminowego zabezpieczenia dochodów, a dostęp do środków przed okresem rentowym może skutkować karami lub obniżonymi zwrotami. Jeśli potrzebujesz dostępu do części swoich oszczędności w nagłych wypadkach lub innych potrzebach, zbytnie poleganie na rentach może ograniczyć Twoją elastyczność finansową. Ważne jest, aby zrównoważyć wykorzystanie rent z innymi płynnymi inwestycjami, aby mieć pewność, że masz odpowiedni dostęp do środków, gdy są potrzebne.

Ponadto rola rent w planowaniu majątku jest często źle rozumiana. Podczas gdy renty mogą zapewniać stały dochód, nie zawsze oferują korzystne korzyści z planowania majątku. Niektóre renty nie przekazują świadczeń spadkobiercom, ponieważ wypłaty ustają po śmierci rencisty, chyba że zostaną zawarte konkretne postanowienia. Zrozumienie, w jaki sposób renty wpisują się w ogólny plan majątkowy, ma kluczowe znaczenie dla zapewnienia, że aktywa zostaną rozdzielone zgodnie z Twoimi życzeniami.

Aby skutecznie wykorzystać renty, zacznij od dokładnego zrozumienia ich cech i tego, jak są one zgodne z Twoimi celami finansowymi. Oceń swoje potrzeby emerytalne, w tym wymagania dotyczące dochodów, tolerancję ryzyka i potrzeby płynnościowe, i zastanów się, w jaki sposób renty mogą uzupełniać inne strategie inwestycyjne. Zbadaj różne rodzaje rent, związane z nimi opłaty i ich wpływ na Twój ogólny plan finansowy.

Konsultacja z doradcą finansowym może być również korzystna w zrozumieniu i wyborze odpowiedniej renty do Twojej sytuacji. Doradca może zapewnić wgląd w zalety i wady różnych rent, pomóc Ci ocenić ich przydatność w oparciu o Twoje cele finansowe i upewnić się, że jesteś świadomy wszystkich powiązanych kosztów i implikacji.

Podsumowując, niezrozumienie roli rent może prowadzić do złych decyzji finansowych i utraconych możliwości zwiększenia bezpieczeństwa emerytalnego. Dzięki jasnemu zrozumieniu różnych rodzajów rent, ich korzyści i ograniczeń możesz podejmować świadome decyzje zgodne z Twoimi celami finansowymi. Prawidłowe zintegrowanie rent ze strategią emerytalną może zapewnić cenną stabilność dochodów i przyczynić się do bezpiecznej i satysfakcjonującej emerytury.

Brak dostosowania do zmienności rynku

Brak dostosowania się do zmienności rynku może znacząco wpłynąć na oszczędności emerytalne i stabilność finansową. Zmienność rynku odnosi się do wahań cen inwestycji spowodowanych różnymi czynnikami ekonomicznymi, politycznymi i finansowymi. Podczas gdy wahania te są naturalną częścią inwestowania, brak planowania na nie może prowadzić do nieoczekiwanych strat, zmniejszonych zwrotów i zwiększonego ryzyka finansowego, szczególnie gdy zbliżasz się do emerytury lub ją przekraczasz.

Jednym z głównych ryzyk braku dostosowania się do zmienności rynku jest możliwość znacznych strat w portfelu inwestycyjnym. Emeryci często polegają na swoich rachunkach inwestycyjnych, aby zapewnić dochód i wzrost w trakcie emerytury. Jeśli Twój portfel jest mocno narażony na zmienne aktywa bez odpowiedniej dywersyfikacji lub zarządzania ryzykiem, spadki na rynku mogą prowadzić do znacznych strat. Straty te mogą zmniejszyć Twoje oszczędności emerytalne, zmniejszając Twoją zdolność do utrzymania pożądanego stylu życia i potencjalnie wymagając dostosowania wydatków lub planów emerytalnych.

Inną konsekwencją zaniedbania dostosowania się do zmienności rynku jest zwiększone ryzyko ryzyka sekwencji zwrotów. Ryzyko sekwencji zwrotów odnosi się do wpływu negatywnych zwrotów rynkowych występujących na początku emerytury na trwałość portfela. Kiedy wycofujesz środki z portfela inwestycyjnego w czasie spadku rynku, może to przyspieszyć wyczerpywanie się oszczędności. Jeśli Twój portfel poniesie znaczne straty na początku emerytury, może mieć trudności z odzyskaniem, co doprowadzi do większego ryzyka wyczerpania środków później.

Ponadto brak dostosowania się do zmienności rynku może prowadzić do podejmowania złych decyzji w okresach turbulencji rynkowych. Podczas spadków rynkowych może kusić, aby reagować emocjonalnie i podejmować pochopne decyzje inwestycyjne, takie jak sprzedaż aktywów ze stratą lub przejście na mniej ryzykowne inwestycje. Takie decyzje mogą zablokować straty i potencjalnie uniemożliwić przyszłe odbicia rynku. Prawidłowe dostosowanie się do zmienności rynku obejmuje utrzymanie zdyscyplinowanej strategii inwestycyjnej i unikanie reakcji emocjonalnych na krótkoterminowe wahania rynku.

Aby skutecznie zarządzać zmiennością rynku, niezbędne jest wdrożenie zdywersyfikowanej strategii inwestycyjnej. Dywersyfikacja polega na rozłożeniu inwestycji na różne klasy aktywów, sektory i regiony geograficzne, aby zmniejszyć wpływ słabych wyników pojedynczej inwestycji na cały portfel. Dywersyfikując, możesz zmniejszyć ryzyko związane z wahaniami rynku i zwiększyć stabilność zwrotów z inwestycji.

Inną ważną strategią jest utrzymanie odpowiedniej alokacji aktywów w oparciu o tolerancję ryzyka, cele inwestycyjne i horyzont czasowy. Gdy zbliżasz się do emerytury, ogólnie zaleca się zmniejszenie ekspozycji na inwestycje wysokiego ryzyka i zwiększenie alokacji na bardziej stabilne aktywa generujące dochód, takie jak obligacje lub ekwiwalenty gotówki. Ta korekta może pomóc zmniejszyć wpływ zmienności rynku na Twój portfel i zapewnić bardziej przewidywalne zwroty.

Regularne przeglądanie i rebalansowanie portfela inwestycyjnego jest również kluczowe dla zarządzania zmiennością rynku. Z czasem wahania rynku mogą spowodować, że alokacja aktywów odbiegnie od zamierzonej strategii. Rebalansowanie polega na dostosowaniu portfela z powrotem do docelowej alokacji, zapewniając utrzymanie odpowiedniego poziomu ryzyka i zwrotu. Ten proces pomaga zarządzać zmiennością i utrzymuje strategię inwestycyjną zgodną z celami finansowymi.

Ponadto posiadanie dobrze zdefiniowanej strategii wypłat może pomóc złagodzić skutki zmienności rynku. Ustanowienie systematycznego podejścia do wypłat środków z portfela, takiego jak stosowanie zrównoważonej stawki wypłat, może zapewnić stabilność i zmniejszyć ryzyko wyczerpania oszczędności podczas spadków na rynku. Rozważ współpracę z doradcą finansowym w celu opracowania strategii wypłat, która uwzględnia zmienność rynku i wspiera Twoje długoterminowe potrzeby finansowe.

Podsumowując, brak dostosowania się do zmienności rynku może prowadzić do znacznych ryzyk i wyzwań w planowaniu emerytalnym. Wdrażając zdywersyfikowaną strategię inwestycyjną, utrzymując odpowiednią alokację aktywów, regularnie rebalansując portfel i ustalając rozsądną strategię wypłat, możesz lepiej zarządzać wpływem wahań rynkowych i chronić swoje oszczędności emerytalne. Prawidłowe podejście do zmienności rynku zapewnia, że Twoja strategia inwestycyjna pozostaje zgodna z Twoimi celami finansowymi i wspiera bezpieczną i stabilną emeryturę.

Nie rozważam pracy w niepełnym wymiarze godzin ani alternatywnych źródeł dochodu

Nierozważanie pracy w niepełnym wymiarze godzin lub alternatywnych źródeł dochodu może ograniczyć elastyczność finansową i bezpieczeństwo na emeryturze. Podczas gdy tradycyjne plany emerytalne często koncentrują się na oszczędzaniu i inwestowaniu, włączenie dodatkowych źródeł dochodu może zapewnić dodatkową poduszkę finansową, poprawić standard życia i zapewnić większą elastyczność w radzeniu sobie z nieoczekiwanymi wydatkami.

Praca w niepełnym wymiarze godzin na emeryturze może być cennym sposobem na uzupełnienie dochodów i utrzymanie zaangażowania. Wielu emerytów uważa, że kontynuowanie pracy w niepełnym wymiarze godzin, nawet w mniej wymagającej lub innej roli, może przynieść zarówno korzyści finansowe, jak i osobistą satysfakcję. Daje możliwość pozostania aktywnym, towarzyskim i intelektualnie zaangażowanym, co może być korzystne dla ogólnego samopoczucia. Ponadto praca w niepełnym wymiarze godzin może pomóc w ułatwieniu przejścia z zatrudnienia w pełnym wymiarze godzin na emeryturę, pozwalając zachować poczucie celu i struktury.

Alternatywne strumienie dochodów to kolejne ważne zagadnienie. Mogą to być dochody z wynajmu nieruchomości, inwestycje w akcje wypłacające dywidendy lub tantiemy z własności intelektualnej, takiej jak książki lub patenty. Dywersyfikacja źródeł dochodu może pomóc zmniejszyć zależność od jednego strumienia dochodów i zapewnić stabilność w przypadku, gdy jedno źródło stanie się mniej niezawodne. Na przykład dochód z wynajmu może zapewnić stały przepływ środków pieniężnych i może z czasem wzrastać, podczas gdy inwestycje w akcje wypłacające dywidendy oferują regularny dochód wraz z potencjałem wzrostu kapitału.

Ignorowanie możliwości pracy w niepełnym wymiarze godzin lub alternatywnych źródeł dochodu może skutkować mniej bezpieczną sytuacją finansową, zwłaszcza jeśli Twoje podstawowe oszczędności emerytalne są niewystarczające, aby pokryć pożądany styl życia. Rozważając dodatkowe opcje dochodu, możesz zwiększyć swoje bezpieczeństwo finansowe i zmniejszyć ryzyko przeżycia oszczędności. Zapewnia również bufor na wypadek spowolnienia gospodarczego lub nieoczekiwanych wydatków, pomagając zachować stabilność finansową i spokój ducha.

Ocena możliwości pracy w niepełnym wymiarze godzin lub alternatywnych źródeł dochodu wymaga starannego planowania i rozważenia swoich umiejętności, zainteresowań i dostępności. Określ obszary, w których możesz wykorzystać swoje obecne umiejętności lub odkryć nowe zainteresowania, które mogą generować dochód. Na przykład, jeśli masz doświadczenie w określonej dziedzinie, możesz rozważyć doradztwo lub pracę na własny rachunek. Jeśli lubisz hobby, takie jak rzemiosło lub pisanie, możesz zbadać sposoby na monetyzację tych zainteresowań.

Dodatkowo, rozważ potencjalny wpływ pracy w niepełnym wymiarze godzin lub alternatywnego dochodu na Twoje ogólne plany emerytalne i sytuację podatkową. Praca w niepełnym wymiarze godzin może mieć wpływ na Twoje zobowiązania podatkowe i świadczenia emerytalne, dlatego ważne jest, aby zrozumieć te implikacje i odpowiednio zaplanować. Konsultacja z doradcą finansowym może pomóc Ci poruszać się po tych kwestiach i zoptymalizować Twoją strategię dochodową.

Włączenie pracy w niepełnym wymiarze godzin lub alternatywnych źródeł dochodu do planowania emerytury może przynieść liczne korzyści, w tym zwiększoną elastyczność finansową, większe bezpieczeństwo i spełnienie osobiste. Poprzez eksplorację i wdrażanie tych opcji możesz poprawić swoją stabilność finansową i cieszyć się bezpieczniejszą i przyjemniejszą emeryturą.

Brak komunikacji dotyczącej planów emerytalnych

Brak komunikacji na temat planów emerytalnych może prowadzić do nieporozumień, niespójnych oczekiwań i niepotrzebnych komplikacji zarówno dla Ciebie, jak i Twoich bliskich. Skuteczna komunikacja na temat celów emerytalnych, strategii finansowej i preferencji jest kluczowa dla zapewnienia, że Twoja emerytura przebiega tak płynnie, jak to możliwe, a Twoje intencje są jasno zrozumiane przez osoby, na które mogą mieć wpływ Twoje decyzje.

Jednym ze znaczących problemów z nieomawianiem planów emerytalnych jest potencjalny konflikt lub zamieszanie wśród członków rodziny. Emerytura często wiąże się z decyzjami, które wpływają na coś więcej niż tylko finanse osobiste, w tym na takie aspekty jak warunki mieszkaniowe, planowanie majątku i opieka. Jeśli te plany nie zostaną zakomunikowane, członkowie rodziny mogą nie być pewni swoich ról, obowiązków lub oczekiwań. Może to prowadzić do nieporozumień, nieporozumień i napiętych relacji, szczególnie jeśli decyzje muszą zostać podjęte w pośpiechu lub w stresujących okolicznościach.

Inną konsekwencją słabej komunikacji jest ryzyko braku zgodności finansowej. Twoja strategia emerytalna może obejmować złożone ustalenia finansowe, takie jak inwestycje, wypłaty oszczędności lub plany dystrybucji aktywów. Jeśli Twój małżonek lub członkowie rodziny nie są poinformowani o tych planach, mogą nie w pełni rozumieć lub wspierać Twoje decyzje finansowe. Ten brak zgodności może skutkować niewłaściwym zarządzaniem finansami, utraconymi okazjami lub nieprzewidzianymi trudnościami, takimi jak podejmowanie decyzji finansowych bez Twojego udziału.

Skuteczna komunikacja na temat planów emerytalnych pomaga również w koordynacji opieki i wsparcia. Gdy zbliżasz się do emerytury, możesz potrzebować pomocy w wykonywaniu zadań, opieki zdrowotnej lub codziennych czynnościach. Jeśli Twoje plany i potrzeby nie są jasno komunikowane, członkom rodziny może być trudno zapewnić odpowiedni poziom wsparcia. Jasna komunikacja zapewnia, że wszyscy zaangażowani są świadomi swoich obowiązków i mogą podejmować działania w celu skutecznego zaspokojenia Twoich potrzeb.

Ponadto omawianie planów emerytalnych z członkami rodziny i bliskimi może pomóc w zarządzaniu oczekiwaniami i przygotowaniu ich na wszelkie zmiany, które mogą nastąpić. Na przykład, jeśli planujesz przeprowadzkę, zmniejszenie powierzchni mieszkania lub wprowadzenie znaczących zmian w stylu życia, poinformowanie rodziny z wyprzedzeniem pozwoli im dostosować się do tych zmian i zaoferować wsparcie. Daje to również możliwość omówienia wszelkich obaw lub preferencji, które mogą mieć, co prowadzi do bardziej harmonijnego przejścia na emeryturę.

Aby uniknąć tych problemów, podejmij skoordynowany wysiłek, aby jasno i otwarcie komunikować swoje plany emerytalne. Zacznij od szczegółowych rozmów z małżonkiem lub partnerem na temat swoich celów, strategii finansowej i wszelkich przewidywanych zmian. Upewnij się, że oboje jesteście na tej samej stronie w kwestii wizji emerytury i zarządzania finansami.

Rozważ również zaangażowanie innych członków rodziny, na których mogą mieć wpływ Twoje decyzje dotyczące emerytury. Może to obejmować omówienie planowania majątkowego, ustaleń dotyczących opieki zdrowotnej lub zmian w sytuacji życiowej z dziećmi lub innymi krewnymi. Zapewnienie im jasnego zrozumienia Twoich planów pomaga uniknąć niespodzianek i umożliwia lepszą koordynację wsparcia i zasobów.

Ponadto dokumentowanie planów emerytalnych i udostępnianie ich rodzinie może być korzystne. Obejmuje to posiadanie pisemnych zapisów ustaleń finansowych, planów majątkowych i wszelkich konkretnych instrukcji, które możesz mieć. Posiadanie tych dokumentów zapewnia, że Twoje życzenia są jasne i można się do nich łatwo odwołać w razie potrzeby.

Regularne aktualizowanie komunikacji w miarę rozwoju planów jest również ważne. Okoliczności życiowe i cele emerytalne mogą się zmieniać, a informowanie rodziny o tych zmianach pomaga zachować spójność i gotowość. Regularne kontrole i aktualizacje zapewniają, że wszyscy są poinformowani i mogą odpowiednio dostosować swoje oczekiwania lub plany.

Podsumowując, brak komunikacji planów emerytalnych może prowadzić do nieporozumień, braku spójności i komplikacji zarówno dla Ciebie, jak i Twoich bliskich. Otwarcie omawiając swoje cele, strategię finansową i przewidywane zmiany, możesz uniknąć konfliktów, zapewnić lepszą koordynację wsparcia i stworzyć płynniejsze przejście na emeryturę. Jasna i ciągła komunikacja jest kluczem do zarządzania oczekiwaniami i pielęgnowania pozytywnych relacji w trakcie Twojej podróży emerytalnej.

Wniosek

Emerytura to ważny kamień milowy, który oznacza zarówno koniec, jak i nowy początek. To czas przejściowy, który wymaga starannego planowania i przemyślanego rozważenia, aby zapewnić satysfakcjonującą i bezpieczną przyszłość. Wyzwania i pułapki omówione w tej książce podkreślają znaczenie wszechstronnego i proaktywnego podejścia do planowania emerytury. Zrozumienie i rozwiązanie tych typowych błędów może mieć znaczący wpływ na osiągnięcie wygodnej i przyjemnej emerytury.

Jednym z najważniejszych wniosków jest konieczność kompleksowego i proaktywnego planowania. Planowanie emerytury nie jest jednorazowym zadaniem, ale ciągłym procesem, który obejmuje wyznaczanie realistycznych celów, regularną ocenę sytuacji finansowej i dostosowywanie strategii w razie potrzeby. Prokrastynacja może podważyć nawet najlepiej opracowane plany, podkreślając znaczenie wczesnego rozpoczęcia i utrzymywania dynamiki przez całą karierę. Podejmując proaktywne podejście, możesz uniknąć pułapek niedoszacowania wydatków, nadmiernego polegania na niepewnych czynnikach, takich jak dziedziczenie, i nieuwzględniania zmienności rynku.

Innym kluczowym aspektem jest potrzeba dywersyfikacji i zarządzania ryzykiem. Zbytnie poleganie na jednym źródle dochodu, czy to inwestycjach, ubezpieczeniu społecznym czy spadku, może narazić Cię na niestabilność finansową. Dywersyfikacja portfela inwestycyjnego i eksploracja wielu źródeł dochodu, takich jak praca w niepełnym wymiarze godzin lub alternatywne inwestycje, może zapewnić bufor na nieprzewidziane okoliczności i zwiększyć Twoje bezpieczeństwo finansowe. Ważne jest również dostosowanie się do zmienności rynku i zarządzanie swoimi inwestycjami w sposób, który równoważy ryzyko i zwrot, zwłaszcza gdy zbliżasz się do emerytury.

Skuteczna komunikacja jest kolejnym kluczowym elementem udanego planowania emerytury. Nieomówienie planów emerytalnych z członkami rodziny może prowadzić do nieporozumień i konfliktów, szczególnie w odniesieniu do decyzji finansowych, ustaleń dotyczących opieki i planowania majątkowego. Jasno komunikując swoje intencje i angażując bliskich w proces planowania, możesz upewnić się, że wszyscy są na tej samej stronie, a Twoje życzenia są zrozumiane i uszanowane.

Ponadto zrozumienie roli różnych produktów finansowych, takich jak renty, i odpowiednie włączenie ich do strategii emerytalnej jest niezbędne. Renty mogą zapewnić stały dochód, ale wiążą się z własnym zestawem zawiłości i kosztów. Wiedza o tym, jak pasują do ogólnego planu i jakie są dostępne alternatywy, może pomóc w podejmowaniu bardziej świadomych decyzji i unikaniu potencjalnych pułapek.

Koszty opieki zdrowotnej i długowieczność to dwa dodatkowe czynniki, które wymagają starannego rozważenia. Wraz z wiekiem wydatki na opiekę zdrowotną mogą stać się znacznym obciążeniem, a planowanie tych kosztów, nawet w przypadku braku kompleksowego ubezpieczenia, jest kluczowe. Podobnie, uwzględnienie długowieczności i zapewnienie, że oszczędności emerytalne wystarczą na całe życie, jest niezbędne do utrzymania stabilności finansowej i jakości życia.

Podsumowując, unikanie typowych błędów w planowaniu emerytalnym wymaga holistycznego podejścia, które obejmuje proaktywne planowanie, zróżnicowane inwestycje, skuteczną komunikację i staranne rozważenie produktów finansowych i wydatków. Poprzez rozważne zajęcie się tymi obszarami i poszukiwanie profesjonalnej porady w razie potrzeby, możesz stworzyć strategię emerytalną, która nie tylko spełni Twoje potrzeby finansowe, ale także poprawi ogólną jakość Twojego życia. Emerytura powinna być czasem, aby cieszyć się owocami swojej pracy, odkrywać nowe możliwości i przyjąć satysfakcjonującą i satysfakcjonującą fazę życia. Dzięki starannemu planowaniu i rozważeniu możesz osiągnąć emeryturę, która będzie zgodna z Twoimi celami i aspiracjami, zapewniając Ci spokój ducha i swobodę cieszenia się tym nowym rozdziałem w pełni.

www.ingramcontent.com/pod-product-compliance
Lightning Source LLC
Chambersburg PA
CBHW050315230526
45471CB00005B/2191